COORDENAÇÃO EDITORIAL
Luiz Sales e Marcel Spadoto

VIVI VENDI VENCI

Histórias, técnicas e dicas de profissionais de sucesso em vendas

Literare Books
INTERNATIONAL
BRASIL · EUROPA · USA · JAPÃO

PRESIDENTE DO CONSELHO
Maurício Sita

PRESIDENTE
Alessandra Ksenhuck

VICE-PRESIDENTES
Claudia Pires
Julyana Rosa

DIRETORA DE PROJETOS
Gleide Santos

EDITOR
Enrico Giglio de Oliveira

ASSISTENTE EDITORIAL
Júlia Almeida e Lui Navarro

REVISORES
Daniela Braz e Renata Siqueira

CAPA E DESIGN EDITORIAL
Lucas Yamauchi

DIAGRAMAÇÃO
Ana Paula Nunes Medeiros

IMPRESSÃO
Printi'

Dados Internacionais de Catalogação na Publicação (CIP)
(Câmara Brasileira do Livro, SP, Brasil)

Vivi, vendi, venci : histórias, técnicas e dicas de profissionais de sucesso em vendas / coordenação editorial Luiz Sales, Marcel Spadoto. -- São Paulo : Literare Books International, 2024.

Vários autores
ISBN 978-65-5922-927-7

1. Comércio 2. Empreendedorismo 3. Negociação 4. Vendas - Técnicas I. Sales, Luiz. II. Spadoto, Marcel.

24-221797 CDD-658.81

Índices para catálogo sistemático:

1. Vendas : Administração 658.81

Eliane de Freitas Leite - Bibliotecária - CRB 8/8415

LITERARE BOOKS INTERNATIONAL LTDA.
Rua Alameda dos Guatás, 102
Vila da Saúde — São Paulo, SP. CEP 04053-040
+55 11 2659-0968 | www.literarebooks.com.br
contato@literarebooks.com.br

MISTO
Papel | Apoiando o manejo florestal responsável
FSC® C196274

AGRADECIMENTOS

Aos autores desta obra que tanto nos orgulham, pois emprestaram sua paixão por vendas para todos nós.

Luiz Sales e Marcel Spadoto

Meus sinceros agradecimentos a todos os que confiaram em mim ao longo dessa jornada.

Começo pelo Marça, meu *parça* há mais de 30 anos, pelo convite para dividir a coordenação desta obra magnífica.

A todos os amigos que acreditaram no meu potencial, agradeço muito por abrirem diversas portas nesse fantástico universo.

Não menos importante, sou grato à minha amada esposa, Priscylla, aos meus filhos, Felipe e Leonardo, e aos meus pais, Bete e João, que sempre me incentivaram a ser melhor a cada dia!

Luiz Sales

Agradeço, primeiramente, a DEUS, por tudo que Ele tem proporcionado para mim.

À minha amada esposa, Fábia, amor da minha vida. Aos meus filhos queridos, Mariana, Guga, João Gabriel (que hoje mora no céu) e Tavinho.

A meus pais, Décio e Áurea, devo muito a eles pelo amor e pelos ensinamentos e sacrifícios que fizeram.

A meus sogros, Manoel e Josina, pais que ganhei nesta vida.

À minha querida irmã, Isabel Cristina, que sempre esteve próxima.

Aos meus mestres em vendas, que se multiplicaram em minha vida.

Marcel Spadoto

SUMÁRIO

PREFÁCIO

No agitado mundo das vendas, no qual cada interação contém potencial para triunfo ou derrota, existe uma riqueza de conhecimento, experiência e sabedoria esperando para ser compartilhada. *Vivi, Vendi, Venci* é uma antologia única, que reúne um grupo diversificado de profissionais experientes, cada um com suas próprias histórias de sucesso nessa área para contar. Nas páginas deste livro, você embarcará em uma jornada cativante pelos triunfos e tribulações desses indivíduos notáveis.

Desde veteranos experientes, que enfrentaram inúmeras tempestades, até estrelas em ascensão, que alcançaram um sucesso extraordinário ainda jovens, suas histórias irão inspirar, educar e capacitar você a conquistar novos patamares em sua carreira em vendas. Por meio das lentes de suas experiências, você obterá *insights* inestimáveis sobre a arte da persuasão, o poder da resiliência e a importância de construir relacionamentos duradouros.

Esses profissionais compartilharão técnicas, dicas de vendas, as suas mais diversas estratégias para superar objeções, além de relatar como navegaram em negociações complexas e têm se adaptado a um cenário em constante mudança.

Tendo também percorrido o caminho de muitos aqui como vendedor (ou qualquer dos seus sinônimos lindos que, no final, significarão o mesmo), gerente de vendas, diretor de vendas, GM de área de negócios e, enfim, CEO, me senti muito honrado quando fui convidado a escrever o prefácio desta obra, que é muito mais do que uma coletânea de histórias de sucesso.

O livro é também, tal qual uma venda complexa, a confirmação do poder da colaboração e da força de uma comunidade unida por um propósito comum. Independentemente de suas atividades atuais e de quais organizações representem hoje, os coautores abriram graciosamente seus corações e mentes e compartilharam conhecimentos, temores e triunfos, não apenas para o benefício de seus colegas profissionais, mas para a melhoria do setor como um todo.

Como um amante da arte ou da ciência de vendas, recebo a chance de prefaciar um livro que traz *insights* de tantas feras sobre o tema como um troféu que vou levar para sempre; com o mesmo gostinho de celebração das vendas que realizei, como também daquelas em que colaborei. Das pequeninas, mas estratégicas, até aquelas enormes, que geraram prêmios e reconhecimentos internacionais. Aquele sabor que só quem é de vendas sente...

À medida que você se aprofundar nas páginas de *Vivi, Vendi, Venci*, deixe-se inspirar pelas histórias contidas nelas. Permita que as experiências desses profissionais, compartilhadas aqui, mantenham acesa a chama de vendas dentro de você, impulsionando-o(a) em direção ao seu próprio caminho único para o sucesso.

Quer você seja um profissional experiente em vendas ou esteja apenas começando sua jornada, este volume servirá como um guia, iluminando o caminho a seguir e ajudando você a alcançar a grandeza no mundo das vendas. Permito-me, aqui, lembrar de uma pessoa muito bem-sucedida, hoje presidente e CEO da empresa que fundou, quando era um vendedor empreendedor. Ainda hoje, ela exibe no seu cartão de visitas o cargo "CEO-Vendedor". Para mim uma prova irrefutável da altivez e brio mantido por aqueles que tiveram a sorte de terem passado em vendas durante suas carreiras. Uma vez "picado pela mosquinha de vendas, será vendedor para sempre", não importando qual seja sua responsabilidade atual.

Caros leitores, estimadas leitoras, juntem-se a nós enquanto embarcamos nesta jornada coletiva, na qual as vozes de muitos se unem para criar uma sinfonia de sucesso. Deixem que o conteúdo destas páginas transforme suas mentalidades, equipe vocês com as ferramentas necessárias, inspirando a liberar todo potencial de vendas. Lembrem-se: o sucesso nas vendas não é apenas um destino; é uma jornada de crescimento, aprendizado e realização para toda a vida.

Um brinde ao poder da colaboração, à busca pela excelência e ao espírito inabalável dos profissionais de vendas em todo o mundo! Juntos, certamente vamos obter êxito. Celebrem suas conquistas! Aprendam e encorajem-se quando aquele pedido pelo qual trabalhou tanto não for seu. Marcel e Sales, dois supercraques em vendas, não poderiam coordenar melhor esta obra. Que riqueza!

Fica aqui o meu último desafio, a ser respondido após esta leitura: vendas é arte ou ciência?

INTRODUÇÃO

Vender é para todos, mas somente alguns realmente são apaixonados por essa nobre função! Este novo projeto literário, que temos o prazer de trazer até você, conta histórias apaixonantes de profissionais de sucesso em vendas. Nosso propósito é facilitar o processo de aprendizagem, motivar e inspirar tanto vendedores em início de carreira quanto aqueles experientes em seus segmentos.

A proposta desta obra é ser diferente de tudo o que existe no mercado literário. Não se trata de um material acadêmico com metodologias de negociação e técnicas de argumentação, que são lecionadas em cursos de gestão comercial e necessitam da experiência empírica para gerar resultados. Aqui, traremos ensinamentos práticos de quem viveu, vendeu e venceu nessa carreira que exige muito empenho, mas é extremamente prazerosa.

A ideia de escrever um livro diferenciado sobre o tema surgiu após o lançamento do best-seller *Balanced skills*: *competências essenciais para buscar o equilíbrio integral alinhado ao seu momento de vida*, pela Literare Books International, idealizado por Lucedile Antunes. Nós dois, Marcel Spadoto e Luiz Sales, participamos desse projeto como coordenador editorial e coautor respectivamente.

Nós nos conhecemos há cerca de 30 anos e, em todo esse tempo, vivemos intensamente esse mundo fascinante, no qual tivemos a oportunidade de cruzar com pessoas extraordinárias em nossos caminhos. E o que observamos é que a vida de algumas delas daria um livro! Não são muitos profissionais que podem se orgulhar de ter uma trajetória de superação e de conquistas. São menos ainda, aqueles que têm a chance de perpetuar seus triunfos e assim compartilhar o seu aprendizado para inspirar seus leitores. Foi pensando nisso que conseguimos reunir um time incrível de profissionais de sucesso em vendas para contar suas experiências de vida, seus êxitos profissionais e ainda dar dicas valiosas de como tiveram grandes realizações!

Todo vendedor é um bom contador de histórias por excelência! Se você já se sentou para conversar com um profissional da área, seja em uma mesa de bar ou em uma viagem, ouviu contos que parecem ter saído de um filme. Esses relatos não falam apenas deles próprios, mas transmitem muito valor para quem busca ser bem-sucedido em sua carreira. Nesta obra, você encontrará uma coletânea com dezenas de *cases* em vendas contados por profissionais de referência em diversos mercados.

A contação de histórias tem raízes profundas na história da humanidade. A evolução da sociedade sempre esteve baseada nessa forma de comunicação, desde a mitologia grega até os dias atuais. Essa tradição, passada de geração para geração, é essencial para preservar a cultura – e é por isso que ela continua a inspirar e a conectar pessoas ao longo do tempo.

Outra perspectiva que buscamos foi a diversidade no sentido mais amplo e colaborativo possível. Afinal, venda não é tudo igual! Quem vive esse desafio diário sabe que cada oportunidade é completamente diferente da outra, cada segmento tem uma dinâmica absolutamente distinta. Por isso, reunimos aqui um seleto grupo de coautores brilhantes, que mostrará as inúmeras facetas do universo comercial, desde a prospecção até a liderança!

E, por fim, os capítulos trazem lições que esses profissionais de sucesso aprenderam vivendo, vendendo e vencendo! E daí veio o título deste livro. É um trocadilho da célebre mensagem do então general Júlio César ao senado romano para descrever sua vitória total e avassaladora, coberta com o manto da glória. A expressão em latim *Veni, Vidi, Vici*, cuja tradução em português é "Eu vim, eu vi, eu conquistei", é até hoje utilizada para descrever um sucesso decisivo, absoluto e estrondoso!

E é isso que esperamos para esta obra e para seus leitores, que certamente aprenderão muito com tópicos tão inspiradores e valiosos, que impactarão positivamente as vidas de profissionais de todos os níveis, áreas, segmentos e indústrias. Agradecemos muito o prestígio e desejamos uma excelente leitura.

Boas vendas!

Luiz Sales e Marcel Spadoto

01

NETWORK PARA VENDAS

O SUCESSO POR MEIO DAS PESSOAS!

Como disse o palestrante e autor best-seller Simon Sinek, “100% dos clientes são pessoas e 100% dos funcionários são pessoas. Se você não entende de pessoas, você não entende de negócios”.

Os membros da sua rede de relacionamentos podem conectá-lo(a) com pessoas para fazer negócios em qualquer lugar do mundo. Neste capítulo, você entenderá como seu networking possibilita vender de tudo para todos!

LUIZ SALES

Luiz Sales

"I am Sales, salesman!" Com esse sobrenome, Luiz Sales é um homem de vendas desde sempre. Pai orgulhoso de dois garotos incríveis, marido de uma executiva brilhante, o santista, geminiano e filho do meio desenvolveu, cedo, suas habilidades de negociação e persuasão. Formado em Engenharia Eletrônica, ingressou na indústria da tecnologia há mais de 30 anos e vem acompanhando de perto as evoluções que, constantemente, têm impactado a vida das pessoas. E pessoas são sua verdadeira paixão! Desde 2009, escreve e dá palestras sobre relacionamentos sociais (*social network*).Executivo, empreendedor, consultor, professor, mentor, compositor e escritor, Luiz Sales se especializou em Desenvolvimento de Negócios Estratégicos e Vendas Comportamentais graças à sua vasta experiência em companhias dos mais diversos perfis e segmentos, desde empresas familiares até corporações multinacionais. Luiz Sales já vendeu desde pequenos cartões de memória a enormes equipamentos industriais, de mochilas a softwares de gestão.

Contatos
salesin.me/sobre
sales@salesin.me
LinkedIn: linkedin.com/in/luizsales/

A alegria e o orgulho de coordenar este lindo projeto literário sobre vendas são ainda maiores por ser em parceria com coautores mais do que especiais!

Minhas conexões com alguns participantes desta obra se deram por causa da minha vida profissional e outras pela vida pessoal. Mas, ao longo do tempo, nossos caminhos foram se cruzando e muitos se tornaram grandes amigos.

Por isso, não posso contar sobre minha carreira de sucesso em vendas sem ser através de pessoas. É sua rede de relacionamento (network) que determinará suas conquistas no mundo comercial!

Sou um grande entusiasta sobre o tema relações interpessoais. E foi justamente minha vivência em vendas que me estimulou a estudar a fundo o fascinante assunto de *social network*.

Eu brinco que sou vendedor desde o nascimento porque tenho vendas no sobrenome (Sales, em português). Mas, na realidade, só assumi meu primeiro cargo na área comercial após alguns anos de profissão.

Nos primeiros anos após minha graduação como engenheiro eletrônico, eu só havia trabalhado em áreas técnicas. Minha experiência inicial foi no time de especialistas técnicos de equipamentos de telecomunicações privadas da subsidiária brasileira de um conglomerado alemão.

Foi nessa época que conheci quatro pessoas incríveis que mudaram minha vida de diversas maneiras e em vários momentos. Minha primeira inspiração e modelo de vendedor foi meu grande amigo Marcel Spadoto, com quem tenho a honra de compartilhar a coordenação editorial deste livro. Já contei sobre ele nos capítulos que escrevi no livro *Balanced skills* (2023).

No entanto, a pessoa que abriu minha cabeça para o incrível mundo dos negócios foi meu chefe e grande amigo Marcos Del Bianco. Foi ele quem apostou em mim e comprou uma briga homérica na empresa para me promover a gerente de marketing de produto.

Com muita didática e paciência, ele ensinou minhas primeiras habilidades comerciais, como planejamento de compras e de vendas (*forecast*), composição de custos, cálculo de margens e impostos, estratégia de marca e negociação. Seus ensinamentos me acompanham até hoje!

O bichinho dos negócios havia me picado e fez o engenheiro de bancada adormecer. Para me desenvolver, fiz uma pós-graduação em Finanças e, mais tarde, cursos de especializações em Marketing e em Operações.

Infelizmente, algumas divergências internas derrubaram meu chefe. Muito decepcionado com essa situação, fui bater na porta de um fabricante, que era uma das linhas de negócios que eu gerenciava na época. Contei sobre seu desligamento injustificável e pedi que o indicassem para futuras oportunidades e, se soubessem de algo mais, que me recomendassem também.

Pouco tempo depois, esse fabricante de sistemas de áudio e videoconferência contratou Del Bianco para ser o gerente-geral de sua operação brasileira e me indicou para um dos maiores desafios profissionais da minha carreira. Fui contratado para abrir uma nova unidade de negócio dentro de uma bem-estabelecida distribuidora de tecnologia brasileira.

Fui o funcionário número um do embrião dessa empresa de telecomunicação que, 20 anos depois da minha entrada e com 500 funcionários, seria adquirida por uma multinacional de tecnologia. Tenho muito orgulho da semente que plantei e do time que construí nessa fase.

Meu sucesso em vendas nessa nova empresa, em um segmento que eu pouco dominava, só foi possível graças a outro grande profissional que me acompanhou e me apoiou desde minha época de estágio.

Wilson Felipe Júnior é uma das pessoas mais incríveis e batalhadoras que já conheci. Nosso relacionamento começou porque morávamos em Santos e compartilhávamos horas e quilômetros diários de trânsito entre nossa terra e o escritório no bairro da Lapa, em São Paulo.

Foram anos de companheirismo e amizade, que construíram uma relação duradoura de alta confiança e intimidade. Por coincidência, Wilson era o maior especialista técnico e comercial em videoconferência onde trabalhamos juntos. Ele abriu muitas portas desse segmento para mim!

Eu estava muito feliz e realizado em ser a “cabeça do rato” na distribuidora nacional, mas sabia que meu desenvolvimento seria maior em uma corporação. Meu sonho era trabalhar na líder do segmento de celulares no Brasil. Eu já tinha muito contato com a empresa, pois era uma das linhas de produto sob minha gestão. Tenho orgulho de ter participado do início do mercado de telefonia móvel no Brasil.

Foi aí que entrou em cena o quarto personagem do início da minha jornada. Eduardo Stefano é um líder nato e vendedor excepcional que conheci na época de estágio. Foi outra pessoa que acreditou no meu potencial e me ajudou a trabalhar na companhia dos meus sonhos. Entretanto, a única porta que se abriu foi na entrada de serviços, literalmente.

Decidi fazer mais uma mudança na jornada e ser o "rabo do leão" ao aceitar o desafio de ser gerente nacional da Rede de Serviços Autorizados, responsável por todo o time e lojas que prestavam assistência técnica aos aparelhos celulares da marca.

Stefano havia tido uma passagem extraordinária nesse departamento e, por isso, fora convidado a assumir uma diretoria de vendas na empresa. Ele buscava alguém de sua confiança para dar continuidade ao seu projeto e sabia que podia contar com minha lealdade e compromisso máximo.

Eu sabia que esse caminho árduo me levaria de volta para vendas. Por isso, aproveitei todas as chances para me tornar um gestor melhor e aprender tudo sobre processos e satisfação do cliente. Tive um time magnífico e parceiros incríveis, de quem tenho muito orgulho por tudo o que construímos juntos!

Mas eu precisava de "sorte" para cavar meu retorno para vendas na corporação. Como dizia o filósofo estoico Sêneca, "sorte é o que acontece quando a preparação encontra a oportunidade". Então, fui novamente me preparar.

Cursei um MBA executivo, que transformaria por completo minha vida. Na mesma turma conheci três mulheres espetaculares – minha amada esposa, Priscylla Moro, e minhas amigas Patrícia Vilhena e Alessandra Almeida.

Com o preparo, a "sorte" sorriu para mim. A oportunidade de assumir uma gerência nacional de vendas enfim apareceu. Como responsável pela linha de acessórios de telefonia celular, conheci pessoas espetaculares, colegas de trabalho, parceiros e clientes. Entre elas, alguns dos coautores deste livro.

Os resultados desses anos de trabalho nessa multinacional fizeram meu nome ecoar no mercado. Fui abordado por uma prestigiada empresa de *head hunting*. Uma pessoa que foi marcante nessa ocasião foi a diretora comercial Patricia Epperlein.

Fiquei muito honrado com o convite para assumir uma gerência regional de vendas na líder global no segmento de memórias flash. Porém, a passagem por essa companhia foi bem traumática, um verdadeiro desastre organizacional que não vale a pena nem detalhar aqui.

Contudo, essa breve jornada me ensinou algo fenomenal, que é o caso de sucesso que contarei a seguir. O que relatei até aqui, propositalmente, foi apenas a metade de tudo que eu VIVI profissionalmente. Guardarei a outra metade para a próxima edição desta obra!

Vendi por minha rede

Como resumido na introdução deste capítulo, já trabalhei em companhias dos mais diversos perfis e segmentos e já vendi de tudo, desde microcartões de memória a equipamentos industriais colossais, de simples mochilas de tecido a complexos softwares de gestão. O único ponto em comum em toda essa diversidade é que sempre VENDI por meio de pessoas!

Minha íntima relação de amizade com o Wilson me introduziu no mercado de sistemas de videocolaboração. A amizade com a amiga e coautora Patrícia Vilhena desde o MBA me impulsionou a vender no mercado de maquinário industrial.

Igualmente, outra amiga querida do MBA, Alessandra Almeida, abriu as portas do fabuloso mercado de software como serviço (SaaS). Patricia Epperlein me levou para ser palestrante sobre network em sua respeitada empresa de *outplacement* e a vender consultoria a seus assessorados.

Esses são somente alguns poucos exemplos de conexões que garantiram meu sucesso em vendas ao longo de mais de três décadas de estrada. O mais importante, contudo, é ressaltar que nada, absolutamente nada, se deu por acaso, por mera casualidade, coincidência ou destino.

Eu não conhecia o poder da minha rede de relacionamentos até a mudança profissional que relatei há pouco. Como gerente nacional de vendas de acessórios, eu tinha contato com alguns distribuidores locais e diversas redes varejistas brasileiras, mas com nenhum concorrente ou parceiro de negócios.

No entanto, para ter sucesso na minha recém-assumida função de gerente de vendas regional de cartões de memória para celulares, precisaria expandir minha rede brutalmente em pouquíssimo tempo. Para minha surpresa, após alguns meses, eu já tinha estabelecido contato com os principais clientes e parceiros de toda América Latina.

Além das principais redes varejistas, desde o México até a Argentina, e as principais operadoras de telefonia móvel, desde o Chile até o Brasil, eu também consegui me conectar com todos os maiores concorrentes do meu antigo empregador e ainda expandi incrivelmente meus contatos em provedores de conteúdos digitais.

Graças a um projeto até então inovador de embarcar músicas, filmes e jogos nas memórias, tive a oportunidade de mergulhar nas indústrias de entretenimento de toda a região, estabelecendo parcerias com gravadoras, estúdios e além.

Aquele crescimento vertiginoso da minha rede fez o engenheiro adormecido dentro de mim ansiar por respostas. Como era possível vender para tantos novos contatos em tão pouco tempo? A resposta estava nas teorias de *social network*. Esse tema ainda era pouco explorado por aqui.

Isso me instigou a estudar muito em literaturas estrangeiras e não parei mais. Já foram dezenas de livros devorados, que me incentivaram a escrever artigos no meu blog sobre a força das redes para vender. Surgia aí a marca Network-4-Sales, que dá o título a este capítulo. Essa marca evoluiu e hoje se chama YourNetWorks (Sua Rede Funciona)!

Os artigos do blog logo viraram palestras, que evoluíram para uma newsletter semanal no LinkedIn, que me levou a participar como coautor do livro *Balanced skills* (2023), que me conduziu a ser coordenador editorial deste livro.

Toda essa sequência não teria sido possível sem as pessoas que me cercam até hoje. Seu sucesso depende fortemente de seu network para vendas!

Venci com minha rede

Você também é capaz de vender e vencer por meio das pessoas com quem viveu. Aqui estão algumas dicas valiosas:

- **Pessoas são pontes para o sucesso!** Este capítulo presta homenagens a apenas algumas pessoas queridas que transformaram minha vida em vendas. Identifique na sua rede quem são os amigos que marcaram positivamente sua carreira. Esteja sempre perto dessas pessoas, pois elas serão as pontes para outras oportunidades de sucesso no futuro.
- **Você só tem uma vida!** Esqueça a segregação dos amigos da vida pessoal e da profissional. Todos poderão conectar você com possibilidades de negócios. Aqui contei sobre amigos especiais que mudaram minha carreira.
- **Peçam, e lhes será dado!** "Busquem, e encontrarão. Batam, e a porta lhes será aberta!" Essa passagem da Bíblia, em Mateus 7:7, aplica-se perfeitamente a vendas. Se eu não tivesse batido na porta daquela fabricante de videoconferência, jamais teria assumido meu desafio na liderança de vendas. Por isso, se arrisque, bata, peça, e as portas se abrirão para você também.
- **Você só precisa de uma porta!** Minha jornada é a prova de que você pode vender de tudo em qualquer lugar. Basta conhecer ao menos uma pessoa com quem possa contar. Ela poderá abrir uma pequena porta para você ingressar em um inexplorado e enorme novo universo.

- **Tenha muita "sorte"!** É preciso estar preparado quando a oportunidade aparecer. Isso significa estudar sempre, estar disposto a aprender, ter humildade para reconhecer o que não sabe e contar com quem sabe! Quanto mais você se capacita, mais competência terá para abraçar novos desafios.
- **Seja admirável!** Uma pessoa competente sem caráter é como uma árvore frondosa sem raiz: não conseguirá se manter por muito tempo. Por isso, um profissional de vendas precisa que seu caráter fale por si só. A maneira como você trata seus colegas, cumpre com suas promessas e é transparente definirá como você será percebido no mercado.
- **Confiança acima de tudo!** Não é qualquer pessoa que poderá abrir essas portas. É vital que exista confiança plena nesse relacionamento. Seus amigos precisam conhecer seu caráter e ter certeza de que terá competência para entregar o que está vendendo. Falo muito sobre isso nos capítulos que escrevi no livro *Balanced skills* (2023). Fica a dica de leitura!
- **Esteja sempre no radar!** Quem não é visto, não é lembrado! Quando as torres gêmeas caíram no trágico atentado em 11/09/2001, em Nova York, executivos em todo o mundo ficaram apavorados em viajar. Eu aproveitei esse novo comportamento para impulsionar as vendas de videoconferência. As diversas matérias que cavei na mídia local me colocaram no radar e me levaram para o emprego dos meus sonhos.
- **"Cultive" sua rede de relacionamento!** O network é um organismo vivo, que precisa de cuidado e atenção por toda vida. Vários negócios que já trabalhei e seguirei recebendo vêm de pessoas que conheci nesses anos de estrada e com quem mantenho relacionamento até hoje. É trabalhoso, exige amor e dedicação, mas garanto que vale muito a pena.

> "Vender é a incrível arte de atingir resultados fantásticos através de pessoas magníficas!"
>
> (Luiz Sales)

Referência

SALES, L. Construção de pontes. Relações de confiança. *In*: ANTUNES, L.; SPADOTO, M. *Balanced skills:* competências essenciais para buscar o equilíbrio integral alinhado ao seu momento de vida. São Paulo: Literare Books International, 2023, p. 51-67.

02

OS SEGREDOS PARA VENDER O QUE ACREDITA

Antonino e Antenor, dois vendedores de livros com habilidades raras de comunicação, entusiasmo e planejamento, ensinaram técnicas de vendas valiosas. Neste capítulo, o autor compartilha como esses ensinamentos e os conceitos de vendas de Frank Bettger foram aplicados em sua própria carreira como professor de oratória e escritor, vendendo milhões de livros e formando milhares de alunos.

REINALDO POLITO

Reinaldo Polito

Mestre em Ciências da Comunicação e professor de Oratória nos cursos de pós-graduação em Marketing Político, Gestão de Marketing e Comunicação, Gestão Corporativa e MBA em Gestão de Marketing e Comunicação na ECA-USP. Escreveu 37 livros, com mais de 1,5 milhão de exemplares vendidos em 39 países. Seis de suas obras entraram para as listas dos livros mais vendidos do país; em algumas delas, em primeiro lugar.

Contatos
reinaldopolito.com.br
Instagram: @polito
Facebook: reinaldopolito

Vender é uma arte que se aprende com estudo, pesquisa e, principalmente, observação. Talvez não exista nada mais importante para o desenvolvimento de um vendedor que analisar o comportamento de profissionais bem-sucedidos nessa instigante, desafiadora e sedutora atividade.

As técnicas de vendas são fundamentais para dar uma base sólida a quem abraça essa profissão, mas o aprimoramento a partir dos exemplos é igualmente essencial e, em certas circunstâncias, até mais relevante.

Os conceitos técnicos são desenvolvidos pela análise dos erros e acertos de quem se aventurou a vender produtos e serviços. Quando um autor diz "siga esta técnica que ela será importante para atingir seus objetivos", na verdade está alertando para o fato de que outros vendedores agiram dessa maneira e obtiveram bons resultados, ou seja, vá por esse caminho já pavimentado que dará certo.

Dois ou três detalhes, às vezes, podem ser suficientes para virar a chave e fazer que alguém que se julgava fracassado e sem perspectivas encontre o rumo de que precisa. Ninguém nasce vendedor. Essa é uma profissão que se aprende, independentemente da opção educacional adotada. Uma das obras sobre vendas mais publicadas no mundo foi escrita por um vendedor que não havia nem sequer completado o curso fundamental.

Livro marcante

O livro, de autoria de Frank Bettger, tinha como título original *Do fracasso ao sucesso na arte de vender*. Foi reeditado como *Do fracasso ao sucesso nas vendas* (2018).

Embora a obra, depois de tantas décadas, tenha alguns aspectos já ultrapassados, o que vale destacar é a filosofia de quem a escreveu. Os conceitos desenvolvidos em cada um de seus capítulos podem ser perfeitamente aplicados nos dias de hoje. Ele conta sua própria história como vendedor.

Querendo mudar de vida, depois de fracassar, por um ou outro motivo, em diversas atividades, Bettger resolveu tentar a sorte como corretor em uma seguradora. Imaginou que, com esse trabalho, poderia garantir boa remuneração.

Depois de insistir alguns meses naquela nova tarefa, estava desanimado com o fato de não ter conseguido fechar nenhum contrato sequer. Não podia continuar nessa situação. Resolveu, então, buscar outra atividade que pudesse garantir seu sustento. Como não havia concluído nem o curso fundamental, sua dificuldade para arrumar emprego era grande. Estava resignado a retornar, mesmo que mal remunerado, ao trabalho de cobrador que fazia com sua bicicleta.

Teve de voltar à corretora para buscar alguns pertences pessoais que havia deixado na gaveta. Por coincidência, nesse dia o presidente da empresa estava fazendo palestra para os vendedores. Bettger o admirava muito, pois ele havia começado na seguradora quando ainda tinha 11 anos de idade e conseguira chegar ao topo da organização.

Conselhos do vendedor

Entre os conselhos que o grande chefe dava aos seus comandados, um mexeu com Bettger: ver pessoas. Se um profissional contasse sua história para quatro ou cinco pessoas por dia, atingiria suas metas de vendas.

Depois de refletir, o aprendiz de corretor concluiu que esse era seu problema: não fazia tal número de visitas. Resolveu, então, adotar essa estratégia e os negócios começaram a aparecer.

Para manter essa quantidade de contatos, descobriu também que precisaria reservar meio dia para organizar o roteiro a ser cumprido na semana seguinte. Esse planejamento fez que aproveitasse bem o tempo e com essa disciplina multiplicou seus resultados.

Outro conselho deixado pelo autor é que nenhuma técnica pode ser mais eficiente para vender que o entusiasmo. Segundo ele, o ânimo do vendedor chega até a compensar qualquer deficiência técnica.

Deixa claro que seu sucesso ocorreu principalmente porque aprendeu a descobrir o que seus clientes de fato desejavam. Se um produto ou serviço vai ao encontro das necessidades de uma pessoa, o negócio está praticamente fechado.

Dizia também que todo vendedor deveria fazer um bom curso de oratória, pois somente sabendo falar corretamente e com desembaraço poderia se sair bem em seu trabalho. E foi assim que, aprimorando a cada dia seu método, Bettger se transformou em um dos maiores vendedores dos Estados Unidos.

Usei cada um desses ensinamentos na minha vida como vendedor. Montei a maior escola de oratória da América Latina e um dos maiores centros para o ensino de expressão verbal do mundo. Formei ao longo de cinco décadas mais de 100 mil alunos. E não teria conseguido esse resultado se não soubesse vender. Sinto orgulho de fazer bem o meu trabalho como professor de oratória, mas tenho consciência de que minha paixão por vender foi importante para essa conquista.

Resumindo os conceitos de Bettger:

- Trabalhar com entusiasmo.
- Falar bem em público.
- Visitar, ao menos, cinco pessoas por dia.
- Planejar as visitas da semana.
- Identificar a necessidade do cliente.

Antonino foi o primeiro

Vou revelar como me interessei por essa arte e como aprendi a ser um vendedor. Já treinei milhares de vendedores. Fiz questão de relatar a todos minha experiência para que pudessem refletir a respeito.

A frase "Ele vende até gelo para esquimó" é uma força de expressão que indica a competência de um indivíduo para vender todo tipo de produto ou serviço a qualquer pessoa. Conheci dois vendedores que se aproximavam muito desse perfil. Por coincidência, dois vendedores de livros. Vale a pena contar como os conheci.

O primeiro foi o Antonino. Eu tinha apenas nove anos. Como eu e meus amigos fazíamos todos os dias, estávamos jogando futebol na rua. Tivemos de interromper a pelada para dar passagem a um carrão bonito, que não estávamos acostumados a ver naquele bairro da cidade de Araraquara, no interior de São Paulo.

O motorista parou o veículo e veio em minha direção. Perguntou se podia falar com a minha mãe. Fui com ele para casa. Em pouco tempo, Antonino estava conversando animadamente e contando histórias para toda a família. No fim, havia vendido uma coleção de seis dicionários enciclopédicos da Editora Formar. Era um craque. A possibilidade de venda de livros na situação financeira em que vivíamos poderia ser considerada zero.

Nós tínhamos um acordeão. Ao saber que éramos descendentes de italianos, pegou o instrumento e tocou músicas italianas alegres. Minha mãe comprou os livros sem perceber que havia comprado.

Ele pediu que apresentasse a ele alguns amiguinhos. Eu o acompanhei com prazer, pois era uma pessoa muito comunicativa e divertida. Se em uma casa havia um violão, lá estava o Antonino dedilhando os acordes. Se não havia nada para tocar, passava boa parte do tempo contando histórias. Houve casos em que foi para a cozinha mostrar como algumas receitas eram fáceis de fazer.

Vendeu livros em praticamente todas as visitas. E, quando não conseguia, porque a situação financeira da família não permitia mesmo, em nenhum momento mostrou qualquer tipo de frustração. Dois dias acompanhando aquele vendedor foi uma experiência que me marcaria para sempre.

Como espécie de profecia, ele me disse: "Garoto, você tem facilidade para se relacionar. Se um dia atuar no comércio, vai se sair bem".

Depois veio o Antenor, um grande mestre

Como eu disse, foram dois vendedores de livros. O outro, além de servir de modelo, foi meu professor de vendas.

Ainda jovem, com pouco menos de 18 anos, recebi a visita de mais um vendedor de livros, Antenor de Jesus Rodrigues. Fiquei impressionado com sua maneira de falar, de contar histórias e, principalmente, com sua habilidade para vender. Embora com estilo diverso, sua capacidade de comunicação lembrava muito a do Antonino.

Assim que ele se foi, fiquei matutando: deve ser muito agradável privar do relacionamento de uma pessoa com esse jeito simpático, alegre e comunicativo. Quem seriam seus amigos? Sobre o que conversavam? Como convivia com a família? Talvez algum dia eu tivesse a sorte de reencontrá-lo. Desejo atendido.

Ao ver um anúncio no jornal da cidade, resolvi me candidatar para um trabalho em sua distribuidora de livros. Ele pessoalmente ministrou as aulas de vendas. Ensinou como argumentar, como refutar objeções, como encantar as pessoas com histórias interessantes. No final do curso, ele me disse que, de todos os candidatos, eu possuía o melhor potencial. Tinha certeza de que me sairia muito bem.

Nos primeiros dias fiz as visitas com ele. Sua competência para fechar os negócios era mesmo impressionante. Se em uma casa estivessem duas ou três pessoas, quase sempre conseguia vender para todas elas. Ao perceber que os clientes se mostravam refratários, com toda naturalidade, desviava o assunto e passava a contar histórias. O ambiente ficava leve, descontraído, amistoso.

Em seguida, com as pessoas já desarmadas, voltava aos argumentos, usando partes das histórias que havia contado. Embora nunca demonstrasse pressa, jamais perdia tempo. Fazíamos, em média, de cinco a seis visitas por dia. Depois que fiquei sozinho, procurei seguir seu estilo. Deu muito certo. Ganhei várias medalhas como campeão de vendas.

Na verdade, apesar de muito jovem e inexperiente, segundo suas próprias palavras, dei um passo além das suas aulas. Um dia, perambulando pela distribuidora, algo me chamou a atenção. Havia uma estante repleta de livros com a capa preta sobre os quais nunca ouvira falar. O Antenor me disse que havia feito uma compra muito ruim. Imaginando ser um bom produto para comercializar, adquiriu uma grande quantidade da obra *Farmacopeia*. Disse que, infelizmente, por mais que tentasse, ninguém se interessava por aquele livro.

Do outro lado, vi também um grande estoque de dicionários de inglês *Michaelis*. Da mesma forma, não encontraram a receptividade que ele supunha existir.

O público-alvo

Fui para casa com aquela informação na cabeça. Deduzi que, se os livros eram bons, só faltava encontrar quem se interessasse por eles. Realmente, de porta em porta essa tarefa seria muito difícil. Ao voltar à distribuidora no dia seguinte, perguntei se eu poderia tentar vender aquelas obras, pois tinha certeza de que conseguiria. Bastante incrédulo, topou na hora.

Araraquara possui uma das melhores faculdades de Farmácia do país. Seus alunos talvez fossem o público-alvo. Na porta de saída dos estudantes, coloquei uma pequena mesa com os livros em cima. Em dois dias a obra já estava esgotada. Fizeram festa na distribuidora por causa do sucesso das vendas.

Fiz o mesmo com os dicionários. Na cidade há também uma das melhores faculdades de Letras do Brasil. Descobri o local e o dia em que os alunos de inglês ficavam. Levei a mesma mesa com as coleções *Michaelis*. Nem precisei dos dois dias – no final da tarde todos os livros foram vendidos. Outra festa na distribuidora.

Antenor me chamou para uma conversa e disse que essa minha visão mercadológica poderia ser muito útil no meu futuro profissional.

Este é o segredo para ser um vendedor bem-sucedido:

- Usar argumentos consistentes.
- Saber refutar as objeções.
- Ter habilidade para contar histórias.
- Ser simpático, amável e envolvente.

Uma amizade para a vida toda

São aprendizados que desde os primeiros anos vão nos ajudando. Ninguém mais vende enciclopédias de porta em porta. Na verdade, ninguém mais vende enciclopédias. Todos os conceitos de vendas utilizados por esses profissionais, entretanto, perduram até os dias atuais. Quem os seguir será vitorioso.

Hoje, em minhas aulas, especialmente nos cursos de pós-graduação em Gestão Corporativa e MBA em Gestão de Comunicação e Marketing, que ministro na ECA-USP, dou esses exemplos. Mostro dessa forma que, mais importante até que a técnica e a capacidade de comunicação, vale identificar com precisão qual é o público que vai necessitar efetivamente dos produtos ou serviços.

Há outro aspecto interessante da minha vida. Publiquei algumas dezenas de livros. Descobri logo no início que tão difícil quanto escrevê-los era vendê-los. Os autores que conhecia faziam quase sempre as mesmas reclamações: "Ah, a editora não sabe vender", "Existe uma máfia no mercado que só privilegia alguns escritores", "Nunca vejo meu livro exposto nas livrarias".

Em vez de fazer parte desse jogral, procurei identificar o motivo de alguns venderem e outros não. Descobri que como autor eu poderia ajudar a sair dessa bolha. Pedi autorização para a editora e fui pessoalmente visitar os compradores das grandes livrarias.

Imaginei, com razão, que não adiantaria incomodar os atendentes das lojas para que expusessem meus livros. A solução, porém, estava nas compras em grande quantidade. Se uma rede de livrarias comprasse muitos exemplares, precisaria fazer boa exposição para escoar o estoque.

Supus também que nenhum vendedor poderia argumentar melhor sobre meu livro que eu. Por isso, com pastinha na mão, me sentava junto com os vendedores das editoras, tomando chá de cadeira, visitei todas as grandes redes. Nunca saí de um desses encontros sem um bom pedido na mão. Cheguei a vender uma edição inteira de um de meus livros em uma única visita.

Usei para meus próprios livros todas as técnicas que havia desenvolvido para vender as enciclopédias. Funcionou. Já vendi mais 1,5 milhão de livros. Seis deles entraram para as listas dos mais vendidos do país.

Infelizmente, nunca mais encontrei o Antonino. Mas com Antenor foi diferente. Ele se tornou um grande amigo. Convivemos por mais de 50 anos. Todas as vezes que eu ia para Araraquara, separava um tempo para visitá-lo. Nós nos divertíamos muito recordando as histórias das vendas que fazíamos. Em todas as vezes, ele se lembrava da *Farmacopeia* e do dicionário *Michaelis*.

Transcorridas tantas décadas, ainda guardo com carinho e muita saudade as medalhas que ganhei com as vendas. Servem de incentivo e de inspiração para os desafios que preciso superar.

Tomara que essas histórias, baseadas em minha experiência pessoal, possam ajudá-lo a se tornar um vendedor ainda melhor e que consiga o sucesso que deseja com essa profissão.

Referência

BETTGER, F. *Do fracasso ao sucesso nas vendas*. Barueri: Manole, 2018.

03

EMPREENDEDORISMO E GESTÃO ESTRATÉGICA

ROTA PARA O SUCESSO EMPRESARIAL

"Se você não sabe aonde ir, qualquer caminho serve." (Lewis Carroll)
Estratégia empresarial é o modo de estabelecer ações para atingir objetivos em um tempo determinado. Aqui, vamos dar luz aos conceitos da gestão estratégica clássica, levando ao leitor práticas para mapear oportunidades e ameaças para se diferenciar de concorrentes e intimidar a entrada de novas empresas no mercado.

DANIEL AUGUSTO CAVALCANTE

Daniel Augusto Cavalcante

É mestre e doutor em Tecnologia de Alimentos pela Unicamp, mestre em Ciências Sociais Aplicadas pela UNG, MBA em Gestão Pública pela UFF, em Agronegócio pela PUC-RS e em Gestão Empresarial pela FGV. Serviu ao Brasil por 30 anos na Força Aérea e, como membro convocado da ONU, desenvolveu projetos agroindustriais para o desenvolvimento de Guiné-Bissau, na África. No campo acadêmico, desempenhou atividades junto à Universidade da Força Aérea e foi Conselheiro do Nepa/Unicamp. No agronegócio, atua como produtor rural, desenvolvendo projetos florestais sustentáveis com o plantio e cultivo de mogno africano. Coordena projetos de apicultura orgânica, que renderam prêmios de sustentabilidade pelo Ministério da Agricultura e Pecuária (Mapa) e indicação para os 100 profissionais mais influentes do agronegócio brasileiro em 2023. Atualmente, é professor da FGV das disciplinas de Empreendedorismo e Estratégia, fundador e CEO da Baldoni Agroindústria e conselheiro da Fiesp (Cosag).

Contatos
baldoni.com.br
daniel@baldoni.com.br
11 96374 0202

O início e a primeira carreira

É um grande mito a crença de que o empreendedor nasce pronto! O que define um empreendedor é o ambiente no qual ele se insere desde a primeira infância. Os pais são os primeiros modelos, depois os avós, as pessoas que frequentam a casa, enfim, todos aqueles que, de algum modo, são exemplos de sucesso e inspiração para os jovens em formação.

Não foi diferente comigo. Meus pais sempre buscaram um lugar ao sol. Nasci em meio a vasos de cerâmica marajoara que minha mãe vendia. Meu pai fez de tudo: mercado, comércio de veículos, centro automotivo, lanchonete, carrinho de cachorro-quente e chaveiro, até se aposentar como servidor público municipal.

Minha primeira "profissão" foi engraxate. Ganhei uma caixa de sapateiro com 8 para 9 anos e ficava na frente do bar de meus avós. Meus clientes eram amigos próximos que me contratavam para manter-me motivado. Um pouco mais velho, lá pelos 11 anos, já tinha minha loja no canto da garagem de casa. Revendia bolinhas de gude, pipas e piões que ganhava em jogos com vizinhos.

Por algum motivo, que não me lembro, decidi que estudaria em um colégio militar. Esforcei-me muito e, em 1989, passei para a Escola de Especialistas da Aeronáutica, em Guaratinguetá. Ali começava minha primeira carreira.

Servi à Força Aérea Brasileira (FAB) por 30 anos e meu lado de empreendedor corporativo contribuiu de forma significativa para o sucesso desse período na FAB. Ao mesmo tempo, minha inquietação me manteve empreendendo, com negócios particulares que fui criando e colocando parentes e amigos para gerenciar.

Lembro quando recebi o pagamento pela transferência da escola militar para São Paulo – onde me formei sargento da FAB, em 1991. Comprei um Passat TS preto, ano 1980, já com a ideia de revenda. Mantive essa atividade de compra e venda de carros, junto com meu pai, por mais de 15 anos. Era uma maravilha, pois nos encontrávamos todo domingo na feira de automóveis do Anhembi para fazer bons negócios. E como era bom ouvir conselhos e desfrutar da companhia sempre prestativa e acolhedora de meu pai. Fora a calabresa, uma parada obrigatória!

Entre 1992 e 1994, fui sócio da cantina do Clube dos Sargentos. Trabalhava todo dia, das 19h às 23h, e ali desenvolvi a habilidade de ser chapeiro. Ninguém se igualava na minha especialidade: pão com ovo.

Cumulativo à cantina, desenvolvi empreendimentos com ajuda familiar: revenda de alimentos industrializados, banca de jornais, centro automotivo, posto de gasolina, compra, venda e aluguel de imóveis próprios. Também trabalhei com incorporação e construção, chegando a construir e vender um conjunto de 64 apartamentos no interior de São Paulo.

Foi aí que peguei uma pequena fazenda, em troca de imóveis que havia construído. Investi na criação de asininos (jumentos) e muares (mulas), na produção de feno e eucalipto. Atualmente, essa propriedade serve ao plantio de madeira de lei (mogno africano), para corte em 2036.

Sempre acreditei no estudo como fonte de liderança. Assim que cheguei à Base Aérea de São Paulo, em 1998, já como oficial, fui designado chefe da seção de patrimônio, responsável pelo registro de bens móveis. Apesar de ser uma tarefa muito simples, pouco cobiçada e sempre entregue aos recém-formados, eu acreditei que era a seção mais importante da unidade.

Estimulado pela minha esposa, fui fazer mestrado em Ciências Contábeis. O curso me possibilitou olhar de outra maneira para o setor: tive a oportunidade de criar procedimentos que alteram a forma de gerir os bens adquiridos antes do Plano Real, em toda a FAB.

Na minha segunda função, como gestor da logística de alimentação, mantive o propósito de atender às necessidades e facilitar a vida daqueles consumidores internos. Certo de que o aprendizado traria os melhores resultados, fui estudar tecnologia de alimentos na Unicamp, onde fiquei 11 anos, entre especialização, mestrado e doutorado. O conhecimento aumentou ainda mais minha inquietude, e me inspirou a resolver problemas nos vários setores por que passei.

Levei a alimentação congelada para os acampamentos de manobras, centralizei a produção de alimentos para atender a missões reais e de treinamento, trouxe o conceito de segurança alimentar para os quartéis, implantei novos processos em uma fazenda da FAB, com incremento de produtividade e faturamento. Convocado pela ONU, idealizei um programa de produção de alimentos em Guiné-Bissau, na África, para melhoria da qualidade de vida da população. Tudo isso seguindo o conceito do empreendedorismo corporativo, com foco na necessidade do cliente.

Então, em 2016, resolvi partir para minha segunda carreira.

Até então, meus empreendimentos na vida privada eram gerenciados pela família e chegou o momento de fazer algo com minhas próprias mãos. A ideia era empreender em uma área que eu dominava, tinha tido experiências práticas: a produção de alimentos. Decidi produzir e comercializar alimentos de origem animal que não fossem perecíveis e, após passar por culturas como bicho-da-seda, ovos em pó e pasteurizados, cheguei ao desacreditado e praticamente desconhecido mel de abelhas.

Problemas, oportunidades e ideias

Oportunidade é uma situação favorável para o desenvolvimento de algo. Identificar oportunidades é a principal característica do empreendedor. O mel é, sem dúvidas, uma grande oportunidade, principalmente no mercado interno.

O primeiro passo para empreender em qualquer setor é se aprofundar no mercado. Conhecer as entranhas de onde vamos competir. A estratégia empresarial nada mais é que um jogo, onde a vitória será da empresa escolhida pelos clientes, ou seja, ganha aquele que se diferencia, que apresenta o que chamamos de vantagem competitiva.

Sun Tzu, em *A arte da guerra*, há mais de quatro mil anos dizia que, se você conhecer seu inimigo e conhecer a si mesmo, ganhará todas as batalhas. Sim, é primordial conhecer muito bem nossa empresa e seus pontos fortes e fracos, bem como entender as estratégias de cada concorrente.

Ao me aprofundar no mercado do mel, logo percebi que ele estava há 40 anos estagnado. Embalagens sem nenhuma inovação, todas as marcas muito parecidas. Os consumidores adquiriam a commodity mel e não uma marca ou o valor percebido inerente ao produto. Nenhum dos competidores mirava novos canais de atuação.

A Baldoni, assume, em 2017, um papel pioneiro com um posicionamento inovador na distribuição de mel de abelhas, deslocando o produto do canal farmacêutico para o varejo alimentar. Essa era a grande oportunidade. O mel era tratado, até então, como remédio, comercializado primordialmente em farmácias, e não como um alimento, nos supermercados.

Os problemas são sempre a grande oportunidade para empreender e devem ser muito bem estudados. A resolução de um problema é materializada quando uma ideia do empreendedor disponibiliza ao consumidor um produto ou serviço que atenda às suas necessidades. E foi sob esse conceito que identifiquei o primeiro problema da apicultura: a má comercialização de mel no mercado interno, com o abandono do produto nas gôndolas do varejo alimentar.

Ora, mel é um alimento; logo, seu lugar não é nas farmácias, e sim nos supermercados.

Percebi que a solução para esse problema seria uma marca de mel, uma vez que até o ano de 2018 mel era, simplesmente, mel. E foi como iniciamos a jornada de criar uma marca que pudesse ganhar a mente dos consumidores.

Para chegar a esse ponto, usei como *benchmark* a Friboi, empresa que a partir de 2013 adotou o propósito de descaracterizar a carne como commodity. A marca da carne era a marca do açougue, mas a campanha com o ator Tony Ramos levou a uma mudança na cultura de aquisição do produto pelo consumidor.

Não foi diferente com o mel. Com paciência e muito trabalho, passamos a trabalhar a Baldoni como a marca do mel no Brasil. Nosso objetivo é ser uma referência do mercado, tirando a ideia do mel como commodity. Não se trata de emprestar o nome para o produto, como Maisena, Bombril ou Gillette, mas queremos ser a marca mais lembrada no momento da compra.

Convenci o varejo alimentar a aceitar nosso produto e dar visibilidade nas gôndolas, uma vez que a compra ocorre por impulso. Ninguém acorda e pensa “Hoje vou comprar uma bisnaga de mel”. O que ocorre é que, ao passar na frente do produto, o consumidor é impactado e tem o insight de adquiri-lo.

Assim, investimos na distribuição e passamos de dois pontos de venda em 2017 para mais de 5 mil em 2023. E ainda há muito espaço para crescer. É importante ressaltar que, há cinco anos, o mel era um produto regional, sem marca definida e adquirido, muitas vezes, em beira de estradas e bancas de rua.

O mapeamento estratégico

Em 2015, estava me aposentando da FAB e iniciando a carreira de professor. Havia lido o livro *O segredo de Luísa*, de Fernando Dolabela, que trata de empreendedorismo nas mais diversas fases. Minha motivação foi, então, empreender em uma pequena empresa, onde pudesse aplicar ferramentas da administração científica e que servisse como estudo de caso para meus alunos.

Como citei anteriormente, a melhor maneira de iniciar uma empresa é buscar conhecimento do mercado. Ao entrar na Baldoni, observei um mercado com baixo consumo de mel (60 gramas/pessoa/ano), concentrado em alguns segmentos de consumidores.

O mercado de mel é bem diferente de outros produtos de origem animal, em que o consumo interno supera os volumes exportados. No mel, consumimos no mercado doméstico apenas cerca de 25% da produção total, o principal faturamento vem das exportações.

Conhecendo o mercado, foi a hora de definir a estratégia, idealizando, a partir de questionamentos, onde estaremos e como seremos reconhecidos em alguns anos. Essa visão de futuro foi o que nos permitiu entender nossa vantagem competitiva, ou seja, como nos diferenciar de nossos concorrentes. Conhecendo nossos pontos fortes (habilidades, competências, recursos físicos e financeiros), podemos desenhar produtos e serviços que irão se destacar em relação aos competidores e, assim, levar a empresa/marca a ser escolhida pelo consumidor.

Mas como uma commodity pode se diferenciar de centenas de marcas oferecidas aos clientes?

A primeira tarefa foi mostrar para os consumidores que mel não é tudo igual, atuando no desenvolvimento de uma marca. Na sequência, passamos a dar visibilidade na gôndola e trabalhar as redes sociais. O empenho foi demonstrar para pessoas do nicho de consumo diário de mel que o produto agora tinha uma marca especialista e profissional, sem perder a essência do campo. Em nenhum momento tentamos mudar o hábito de consumo do público em geral, mas sim conquistar aqueles que já eram consumidores do produto.

Alterações em embalagens e rótulos, trazendo um conceito contemporâneo e de fácil identificação quando exposto, somadas, a volumes nas gôndolas para trazer visibilidade e gerar a aquisição por impulso, foram as principais transformações para alcançarmos na Baldoni a visão de futuro almejada.

A formação de uma equipe coesa e alinhada com a visão foi fundamental para alcançar e até ultrapassar as metas projetadas. Saímos de 800 kg de mel/mês, em 2017, para 100 mil kg/mês, na média, em 2023. Um crescimento que nos colocou como líderes do mercado nacional.

Para sustentar a estratégia de crescimento, anualmente usamos a matriz de Ansoff, 1965. Acompanhamos os que adquiriram nossos produtos e buscamos a retenção desses clientes, bem como a positivação de produtos existentes na base. Desse modo, conseguimos aumentar a penetração e ganhar cada vez mais frente de exposição.

Ainda seguindo Ansoff, lançamos novos produtos todos os anos com a finalidade de acrescentá-los ao consumo de clientes atuais, além de buscarmos a ampliação da rede de fornecimento, desenvolvendo novos mercados e canais de atuação.

O controle da estratégia é feito pelo conceito de *balanced scorecard* (BSC), em que definimos objetivos estratégicos de modo que cada colaborador tático da Baldoni tenha de três a quatro objetivos operacionais sob seus cuidados. Esses objetivos são acompanhados de indicadores e um alvo, que pode ser semanal, mensal ou trimestral.

A distribuição de objetivos para toda a companhia é importante para que todos se sintam parte do processo e responsáveis pelo resultado, focando a gestão na execução e na busca contínua por melhoramentos.

Enfim, acredito que é mandatório termos um farol nos mostrando onde queremos chegar, quais nossos objetivos profissionais e, principalmente, quais nossas capacidades e habilidades para que possamos nos aperfeiçoar e facilitar nosso percurso na rota do sucesso.

Para isso, faz-se necessário entender o que nos realiza pessoalmente, uma vez que a manutenção da felicidade pessoal reflete diretamente no alcance dos objetivos profissionais.

É claro que podemos e devemos sonhar grande, mas é vital que esses sonhos estejam ligados à nossa capacidade e possibilidade de concretizá-los e torná-los reais.

Com uma visão de futuro e um plano estratégico bem definidos, o caminho estará desenhado não somente para o sucesso do empreendimento, mas também para o equilíbrio em nossas vidas junto ao convívio da família e amigos.

Referências

ANSOFF, H. I. *Corporate strategy*: an analytic approach to business policy for growth and expansion. New York: McGraw-Hill, 1965.

TZU, S. *The art of war*. Trad. de S. B. Griffith. New York: Oxford University Press, 1963.

04

ALÉM DAS PALAVRAS

ESCUTA ATIVA – A FERRAMENTA PARA ENCANTAR E FIDELIZAR CLIENTES

Este capítulo enfatiza a escuta ativa, indo além de apenas ouvir. Convida você a compreender profundamente as necessidades, os desejos e as expectativas do outro. Ao ouvir sem julgar, com empatia e atenção, você se torna um consultor confiável. Dominar essa capacidade ajudará você a decifrar as complexas necessidades dos clientes, abrindo caminho para interações mais significativas e produtivas.

ROSELI GARCIA

Roseli Garcia

Iniciou sua vida de negócios muito cedo, aos 9 anos, vendendo Avon, colar de macarrão e pompom na escola. Aos 13 anos, começou a trabalhar na Associação Comercial de São Paulo, sua grande escola, e foi lá que conviveu com empreendedores devotados, que se voluntariavam para defender a livre iniciativa e atuar para melhorar o ambiente de negócios e de liberdade econômica. Executiva C-Level com ampla experiência em área Comercial, tendo dirigido mais de 40 times de sucesso. Atua em organizações do Brasil e do exterior.

Contatos
roseligarcia.com.br
roseligarcia@me.com
LinkedIn: linkedin.com/in/roseligarcia/
WhatsApp: 11 99156 4740

Vivi uma vida bem vivida!

Iniciei em vendas aos nove anos. Era moda utilizar colares de macarrão e eu era muito criativa, então fiz alguns para meu uso. Não demorou para que minhas amiguinhas quisessem ter um igual, e surgiu a primeira oportunidade de vender.

Depois vieram os pompons de lã, as revistinhas de cosméticos e, daí para frente, foi um caminho sem volta. Aos 13 anos, já estava empregada na Associação Comercial de São Paulo (ACSP), minha casa do coração. Convivi com pessoas extraordinárias, dispostas a compartilhar seu conhecimento. Lá, fui responsável por diversas áreas de sucesso e, com o tempo, assumi a função de superintendente de negócios e participei da constituição da primeira rede nacional de informações, Rede de Informações e Proteção ao Crédito (RIPC). Conduzi a criação dos modelos de *score* da ACSP, uma inovação significativa, especialmente para o setor varejista. Esses modelos foram desenvolvidos com variáveis conhecidas e compartilhadas com os usuários. Isso representou um movimento notável na popularização do uso de dados, pois possibilitou que o varejo começasse a utilizar outras informações para a tomada de decisões. Criei o Movimento de Apoio ao Consumidor, o primeiro programa de Educação para o Crédito no Brasil. Contribuí para o fornecimento gratuito de cartilhas, orientando a população sobre crédito e consumo consciente. Em parceria com os principais varejistas do país, fui responsável pela realização do Primeiro Feirão de Renegociação de Dívidas no Brasil. Depois, fui designada diretora executiva da Boa Vista SCPC, sempre na área de Negócios. Nesse período, fui vice-presidente da Associação Nacional de Certificação Digital (ANCD) e da Associação Nacional dos Bureaux de Crédito (ANBC). Em 2021, fui vice-presidente da ACSP e coordenadora do Conselho do Varejo. Atualmente sou conselheira do Bureau de Angola, membro do Conselho de Administração da empresa DeLend Tecnologia, e CSO na empresa Central de Rede (CDR).

Vendi com o olhar do meu cliente

Vou separar um recorte dessa jornada para falar sobre um projeto que foi o maior sucesso de vendas de toda a minha carreira.

As empresas que concediam crédito precisavam melhorar seus processos decisórios. Nesse ponto, os bancos estavam em vantagem. Possuíam ferramentas sofisticadas, recursos direcionados e times expressivos e desenvolviam modelos estatísticos para melhorar o poder preditivo das análises.

Eu visitava vários portes de varejo, os bancos, as financeiras e companhias de cartão de crédito. Uma coisa eu ouvia frequentemente: "Precisamos melhorar nossa capacidade de previsão".

Os bancos apelidavam o *score* de "caixa-preta", em uma alusão à dificuldade em acessar os processos e formatos de desenvolvimento daquelas fórmulas. Empresas maiores tinham equipes estruturadas. Eu ouvi atentamente cada um deles. Quem tinha todos os recursos e quem não os tinha. E, baseada nessa grande audição, fui aprendendo sobre o tema. Tive o apoio de pessoas brilhantes, que se dispuseram a me ensinar sobre como funcionavam as dinâmicas dessa área e até me apoiaram a executar projetos que permitiram mudar a forma como as empresas olhavam a "caixa-preta".

Nós abrimos a caixa-preta. Informamos quais eram todas as variáveis que considerávamos para construir nossos modelos de *score*. Permitimos aos nossos clientes que fizessem uso dessas variáveis, aplicando suas próprias fórmulas, que eram cedidas para nossos computadores, calculando as notas de forma individualizada.

Assim, os *scores* podiam ser calculados pelo nosso padrão estatístico, pelos modelos customizados por nós ou pelo próprio cliente. Uma inovação tão significativa que, no primeiro ano, antes de ter o produto disponível, já tínhamos vendido lotes de consulta para a principal empresa de cartão de crédito do país e para dois grandes bancos, além dos maiores varejistas. Foi um sucesso.

E como eu vendi? Eu escutava cuidadosamente as preocupações e metas futuras dos meus interlocutores nas empresas, porém não me limitava a isso. Eu buscava o entendimento do que os atenderia a partir de suas próprias palavras. Construía a solução em conjunto. Estabeleci relações duradouras por meio de um interesse genuíno nas necessidades e interesses das empresas.

Aprendi com meus clientes o que considero uma de minhas maiores vantagens competitivas. Eu consigo ter o olhar do cliente. Consigo ouvir a voz da empresa e entender seus anseios. Foi por isso que escolhi lhes falar sobre esse tema. Tenho certeza de que ele fará toda a diferença em sua vida pessoal e profissional.

Venci aprendendo a ouvir a voz do cliente

Negociar não se resume a um confronto intenso de vontades. É um processo complexo de interação humana, em que diferentes perspectivas, interesses e necessidades se entrecruzam. Durante o tumulto das reuniões e o ritmo acelerado das negociações, uma habilidade essencial frequentemente é negligenciada: a arte de ouvir. Entre falas assertivas, argumentos contundentes e estratégias elaboradas, a capacidade de se colocar no lugar do outro e escutar o que ele tem a dizer se torna um diferencial chave para o sucesso.

Ao desenvolver a arte de ouvir, abrimos um canal direto para a compreensão profunda do outro, desvendando seus valores, motivações e objetivos. Obtemos informações valiosas que podem ser utilizadas para construir pontes, encontrarmos soluções criativas e alcançarmos resultados mutuamente benéficos. Ouvir com atenção, empatia e sem julgamentos prévios é a chave para construirmos relacionamentos duradouros. Essa prática é denominada escuta ativa. Por meio dela, desvendamos as verdadeiras motivações que impulsionam nosso interlocutor. Essa compreensão profunda nos permite personalizar a abordagem construindo uma relação de confiança mútua. Pois, ao demonstrar interesse genuíno nas ideias e sentimentos, criamos um ambiente seguro e acolhedor, em que o cliente se sente livre para se expressar aberta e honestamente.

Muitas vezes, as melhores soluções em uma negociação não são as mais óbvias e nesse contexto, ao praticar escuta ativa, nos tornamos capazes de identificar necessidades ocultas dos clientes, expressas entre linhas ou por meio de sinais não verbais. Esse nível de compreensão nos permite oferecer soluções que resolvem os problemas do cliente, diferenciando-nos do mercado.

Além de escutar ativamente, a capacidade de nos adaptar às necessidades comunicativas do cliente também é um elemento importante. Isso significa reconhecermos quando é necessário alterar nosso estilo de comunicação para garantirmos que a mensagem seja recebida da maneira pretendida. Por exemplo, ajustarmos o tom de voz, escolhermos palavras mais adequadas ao público-alvo ou até mesmo modificarmos a estrutura da mensagem para facilitar seu entendimento.

Tive muito êxito quando buscava entender o universo verbal de meus clientes para formular minhas ideias em um contexto que sabia ser compreendido.

Entre os recursos para esse entendimento, desenvolvi a habilidade de fazer perguntas e aprendi que cada tipo de pergunta tem seu lugar na conversa e deve ser usado estrategicamente para guiar a discussão de maneira produtiva.

Procurei encorajar respostas abertas, especialmente no contexto de vendas ou consultoria, o que me dava acesso a informações mais detalhadas e profundas sobre experiências do cliente, suas expectativas e desafios. Perguntava, por exemplo, "como", "por quê" ou "de que maneira", pois essa abordagem convida o cliente a refletir e compartilhar seus pensamentos de forma mais expansiva. Então, em vez de perguntar "você gostou do produto?", que pode ser respondido com um "sim" ou "não", eu usava "o que você achou do produto?". Abrindo espaço para uma resposta mais elaborada.

Outro recurso que considero poderoso é o de reformular ou espelhar as palavras do cliente para confirmar a compreensão correta da informação compartilhada, e encorajá-lo a expandir seus comentários.

Vale um aviso muito importante: evite interrupções enquanto o outro expõe. Deixe-o livre. Permita que conclua seus pensamentos sem pressa, demonstrando respeito pelo seu tempo de fala. Mesmo quando sua pergunta é importante para você, lembre-se que, além de ser deselegante interromper alguém, há uma formulação de ideia em curso e, quando isso é cortado, perdemos mais uma oportunidade de entender o contexto do outro.

Falemos agora um pouco sobre a linguagem corporal, pois a habilidade de interpretá-la é importante no arsenal de qualquer negociador. Esse conhecimento nos permite não apenas entender o que o cliente está dizendo verbalmente, mas também captar os sinais não verbais que podem indicar suas verdadeiras intenções, sentimentos e reações. A capacidade de ler esses sinais pode transformar a dinâmica de uma venda, permitindo-nos ajustar nossa abordagem em tempo real para melhor atendermos às necessidades e aos desejos do cliente.

Um dos primeiros passos para interpretarmos de forma eficaz a linguagem corporal é observarmos a postura do cliente. Quando aberta e relaxada, geralmente indica interesse e receptividade, enquanto braços cruzados ou uma postura fechada podem sinalizar resistência ou desinteresse. O contato visual é outro componente crucial; devemos manter um contato visual firme, mas não intimidador, sugerindo confiança e sinceridade tanto por nossa parte quanto pela do cliente. Por outro lado, um olhar evasivo pode indicar desconforto ou falta de interesse.

O sorriso é outro indicador poderoso das emoções do cliente. Quando é genuíno, ele envolve os olhos, sugere felicidade e satisfação, enquanto um sorriso forçado pode ser um sinal de cortesia sem real interesse.

Gestos como acenar com a cabeça podem indicar acordo e compreensão, enquanto franzir a testa ou balançar a cabeça negativamente revelam discordância ou confusão; portanto, use sua própria linguagem corporal para construir confiança. Esse aspecto da comunicação não verbal serve como uma ponte silenciosa que nos conecta ao cliente, estabelecendo um terreno comum baseado na confiança e compreensão mútua. Ao dominarmos a arte da linguagem corporal positiva, é possível incentivarmos uma resposta similar por parte do cliente.

Evite cruzar os braços ou colocar objetos entre você e o cliente, pois tais ações podem ser interpretadas como barreiras psicológicas. Adote uma postura ereta, que transmite autoconfiança e receptividade. Inclinar-se ligeiramente em direção ao interlocutor durante a conversa pode demonstrar interesse no que está sendo dito.

Gestos com as mãos abertas sugerem sinceridade e disposição, enquanto gestos rápidos ou nervosos podem transmitir insegurança ou ansiedade. Portanto, é essencial monitorar seus próprios gestos para garantir que eles estejam alinhados com a mensagem de confiabilidade que você deseja passar.

Evite o uso de celulares e computadores enquanto conversa. Nunca perca a oportunidade de se conectar ao seu cliente.

Pratique ainda a empatia, definida como a capacidade de entender e compartilhar os sentimentos de outra pessoa. Ela emerge como uma ferramenta poderosa na construção de conexões significativas entre negociadores e clientes. No contexto das vendas, em que a competição é acirrada e a atenção do cliente é um recurso escasso, estabelecer uma conexão empática pode ser o diferencial que transforma um simples contato em uma relação duradoura e lucrativa.

Desenvolva uma capacidade camaleônica na escuta ativa. Isso vai lhe permitir navegar com sucesso por uma ampla gama de cenários comerciais. Ajuste sua abordagem com base no contexto específico da venda. Claro, sem perder sua personalidade, transparência e autenticidade!

Então, mãos à obra, ou melhor, ouvidos à obra!

Desejo muito sucesso.

05

CAMINHOS DA NEGOCIAÇÃO

CASES, ESTRATÉGIAS E HABILIDADES ESSENCIAIS

Com uma trajetória nas negociações que teve início muito cedo em minha vida, compartilho, neste emblemático capítulo, como adquirir confiança para sentar-se a qualquer mesa de negociação. Apresento *cases* que ajudarão você a entender como usar cada técnica e habilidade a seu favor para alcançar o melhor resultado. Ultrapasse a barreira que o torna refém das habilidades e passe a dominá-las!

ALLAN RODRIGUES LIMA

Allan Rodrigues Lima

Seu propósito de vida é claro: buscar oportunidades para compartilhar conhecimento. Entusiasta do conceito *lifelong learning*, procura o aperfeiçoamento e a evolução constantes. Pai do Raul e da Júlia, esposo da Helda e filho do Antônio e da Aparecida, de quem carrega todos os seus valores. Tem uma característica marcante na vida pessoal: a busca pelo novo. Está aprendendo e se reciclando a cada descoberta. Esportista desde criança, além de vários esportes em quadra, já correu maratona, na qual viveu todo o aprendizado que os 42 quilômetros podem ensinar. Com 26 anos de experiência na área comercial, 18 deles como gestor, morou em três estados e trabalhou por todo o Brasil, liderando equipes de alta performance e se aprimorando em um tema que o fascina: NEGOCIAÇÃO. *Founder* do Instituto Erriele, é consultor, tem formação executiva em negociação, pós-graduação em Gestão Exponencial, MBA em Liderança e Desenvolvimento de Pessoas e graduação em Administração de Empresas.

Contatos
allan@erriele.com.br
Instagram: @limaallanoficial
LinkedIn: linkedin.com/in/allanrodrigueslima/
85 99928 7949

Nasce um negociador

Aos 8 anos, em um dia de feira livre em Nossa Senhora das Dores (SE), saí de casa pela manhã dizendo aos meus pais que iria brincar com os amigos, mas, na verdade, fui até a sorveteria e peguei picolés para vender. Foi apenas uma vez, meus pais nunca souberam – estão sabendo agora ao ler este livro –, mas naquele dia tive duas certezas: que era muito bom ganhar meu próprio dinheiro e que vendas seria meu caminho profissional. Gostei da experiência de vender, negociar com o cliente e isso fez e faz parte da minha vida até hoje.

Ainda precocemente resolvi empreender, claro, na área comercial. Como já mencionei, esse é o meu talento e foi descoberto muito cedo. Em 1994, com recém-completados 14 anos, pedi ao meu pai que liberasse seu *microsystem* e CDs – na época ele tinha uma boa coleção com centenas de bons exemplares (os mais novos precisarão do Google para descobrir o que é CD e *microsystem*). Foi uma experiência interessante de negociação convencer meu pai que era viável e mostrar que ele não teria custo algum, pois as únicas coisas de que eu precisava eram os CDs e o som. Recebi a autorização e, naquele momento, dei início à minha tentativa de empreender. Fundei a CD Fire, onde alugava CDs, gravava e vendia fitas K7.

Foram bons anos à frente desse negócio, o que rendeu excelentes histórias de negociações feitas por um adolescente de 14 anos até me tornar um jovem adulto com 22 anos. Em pouco tempo de funcionamento, a CD Fire tornou-se referência no segmento e com isso ganhei dinheiro suficiente para não depender financeiramente dos meus pais desde então. Porém, Nossa Senhora das Dores não era uma cidade com centenas de milhares de habitantes; logo, sem muita perspectiva de que o empreendimento crescesse mais do que tinha conseguido, resolvi me preparar para novos desafios.

Desafios que lapidaram minhas habilidades em negociação

Fiz uma movimentação da qual me orgulho muito, pois alicerçou meu conhecimento e minha prática em negociação e vendas: aos 23 anos, ingressei no que na época era o maior programa de microfinanças da América Latina. Essa experiência me fez negociar com perfis totalmente diferentes, pelo grau de instrução, expectativa de vida, cultura e geolocalização. Durante o período em que trabalhei nessa instituição, passei por três estados trabalhando diretamente em quatro unidades de negócio e por todos os estados do Nordeste realizando treinamentos e compartilhando conhecimento.

Esse *background* me sustentou nas experiências subsequentes, que foram cada vez mais lapidando as técnicas de negociação que uso até hoje e fizeram que eu me aprofundasse no tema, capacitando-me com teorias acadêmicas e aperfeiçoamento diário por décadas de prática. Passei por microfinanças, indústria farmacêutica, alimentos e bebidas, *fintechs*, entre outros. Esse histórico me permite atualmente compartilhar conhecimento teórico e prático com todos os que se interessam por negociação e vendas. Ministro treinamentos com o Instituto Erriele e produzo conteúdos para redes como Instagram, LinkedIn e YouTube. Hoje faço o que entendi ser meu propósito de vida profissional, ou seja, negociar, liderar pessoas e compartilhar conhecimento.

Negociando com gigantes, testando técnicas e habilidades

Aos 15 anos, já com talão de cheques (muito utilizado na época), depois de ter aberto uma conta conjunta com minha mãe, eu tinha uma rotina atípica para um adolescente dessa idade, pois negociava com grandes lojas a compra de fitas K7 em atacado, CDs com exclusividade nos lançamentos e aparelhos de som modulados com valores altos para a realidade de um jovem empreendedor que queria apenas ter seu próprio dinheiro para comprar roupas e sair com os amigos. Descontos, prazos, benefícios... tudo era negociado por mim, nas "salas importantes", escritórios que ficavam no piso superior das lojas. Lembro que sempre me sentia pouco à vontade, até porque posso dizer que não era comum um adolescente entrar para negociar naquelas salas; não existia essa possibilidade. Até eu deixar de frequentar, nunca vi outro na mesma situação.

Posso afirmar que esse período forjou minha confiança como negociador. Tinha a sensação de que, se conseguia frequentar aquelas salas, negociar, levar o pedido sem deixar nenhum real e, como garantia, oferecia um cheque assinado por um empreendedor de 15 anos, poderia negociar qualquer coisa, em qualquer lugar, com qualquer pessoa. Claro que, na realidade, isso não era verdade, em pouco tempo aprendi isso, mas a confiança me dava essa sensação. Com o tempo ficou cada vez mais nítido que essa confiança me ajudou por décadas a entrar nas salas para negociar com firmeza e postura de tal forma que não duvidava de que faria bons negócios.

Negociando propósito

Aos 23 anos, estava em outro cenário, lidando com clientes, fornecedores e equipe. Este último era algo novo para mim. Negociar um produto é a arte mais fácil dentro da negociação, algo bem diferente que tentar acordos com pessoas que não estão comprando nada de você.

Você sente que ganha todos os acordos com seus amigos, esposo(a), colega de trabalho e filhos? Sua resposta se aproxima à de 99% das pessoas: não! Negociar algo intangível não é fácil, principalmente se for para a outra parte nem saber que está sendo envolvido em um processo de convencimento e/ou persuasão. Sim, convencimento e persuasão são técnicas diferentes e é preciso primeiro entender o perfil da outra parte para saber qual usar. Convencimento lida com argumentos racionais, números, fatos, exemplos, tudo o que possa provar por A + B que você está certo. Já a persuasão trata de argumentos emocionais. Eles exploram sentimentos como medo, esperança, raiva e amor para convencer as pessoas a adotarem determinadas opiniões, comportamentos ou ações.

Certa vez, assumi uma unidade de negócio que até então não atingia o padrão – alcançar metas estabelecidas em nove indicadores-chave de desempenho (KPIs) – há muitos anos. Na ocasião, percebi muito rapidamente que a equipe era formada por excelentes profissionais, mesmo alguns deles sendo bem jovens e com pouca experiência. Então, o que faz uma equipe assim não atingir as metas? Depois que me fiz essa pergunta, a resposta chegava de forma cristalina dia após dia. Não existia um sentimento comum de onde a unidade precisava chegar.

Não vou falar sobre como liderar uma equipe dentro da metodologia dos objetivos e resultados-chave (OKRs) ou como atingir cada KPI necessário, apesar de essa prática ter sido realizada com exaustão. Mas quero chamar atenção para como é possível negociar pontualmente com o que motiva cada colaborador e se certificar de que ele sabe aonde todos devem chegar juntos. Negociar valores e propósitos vai muito além de comercializar um produto, mas isso não tem nada a ver com sair liberando benefícios para que a equipe fique motivada. É um trabalho de **escuta ativa**, usar bem a **concessão condicionada** e pontuar o avanço até chegar ao objetivo.

O resultado foi que essa unidade de negócio não só atingiu o padrão, mas também o ultrapassou e finalizou o ano como uma das melhores do estado. Mas o fato de maior orgulho não foram os números atingidos, mas sim esses objetivos terem sido alcançados pela mesma equipe, sem demissões!

Esse mesmo cenário fora do padrão foi encontrado quando fui para outra unidade de negócio, dessa vez na Bahia, e o sucesso nos resultados foi o mesmo, levando-a a figurar como uma das melhores do estado.

Em busca do recorde nacional

Depois de alguns anos, fiz uma movimentação e entrei na indústria farmacêutica, dessa vez já no Ceará. Com isso, novos cenários e oportunidades foram surgindo. A negociação bem-feita abre portas em lugares antes não imaginados. Isso é bom, mas existem negociações de todo tipo e tempo, e é preciso identificar o mais rápido possível em qual você está entrando. Podemos ter negociações de 2 minutos, 2 horas, 2 dias, 2 meses... não saber fazer essa leitura pode apressá-lo e fazer que perca um acordo histórico que seria possível em alguns meses porque quis fechá-lo em dias.

Trabalhei com um produto de alto valor agregado, importante para a companhia, e com um concorrente que dominava o mercado. Logo, era difícil conquistar cada 0,1% de *market share*. Ao incorporar esse produto no portfólio, recebi uma estratégia já adotada anteriormente, que dava resultado, mas ainda muito pontual.

Precisei fazer o passo a passo da negociação antes de ir com tudo para fechar grandes negócios. Foi elaborado todo o planejamento, pensando em todos possíveis cenários, construção da **BATNA** (acrônimo que em português significa "melhor alternativa para um acordo negociado"), identificação de cada *stakeholder* e seus perfis até as melhores **concessões condicionadas**. Depois fiz algumas visitas, ainda para tentar entender o cenário, sem muita pretensão de fechar negócio. Então, depois de alguns meses de negociação, ajustes e testes no processo, as vendas começaram a acontecer como eu queria; consegui a marca histórica de maior venda por cliente no Brasil. Deixei de trabalhar com esse produto em 2018 e até hoje, em 2024, essa marca continua sendo recorde nacional.

Usando as habilidades e ferramentas necessárias

Em um mundo onde as negociações são a essência da sobrevivência e prosperidade empresarial, ao perceber o que fiz em décadas na área comercial, entendo o quão relevante é saber o que, como e por que negociar cada relacionamento, produto, ação, metas e acordos.

Ao longo desses anos, algumas técnicas foram minhas parceiras de jornada na busca pela melhor venda ou acordo. Uma que percebo como valiosa e entendo ter sido relevante ao longo dos anos foi a arte de **criar valor** nas negociações. Em vez de se concentrar apenas no preço, busque identificar oportunidades para agregar valor aos produtos que está oferecendo. Isso não apenas aumenta a atratividade da oferta, mas também estabelece uma base sólida para relacionamentos comerciais duradouros. Procure colocar na mesa de negociação o que para você é de graça ou tem o menor custo possível e para o outro é percebido com alto valor. Agir assim me fez fechar excelentes negócios, aumentando o *ticket* médio sem elevar os custos. Devo ressaltar que, no processo de negociação, é importante encontrar **soluções criativas** para os desafios que surgem no caminho. Em vez de ficar preso a abordagens convencionais, esteja sempre aberto a novas ideias e estratégias inovadoras. Isso não apenas o tornará um negociador mais flexível e adaptável, mas também permitirá que encontre soluções que beneficiam todas as partes envolvidas.

É fácil dizer "pense fora da caixa", mas, na prática, isso não vem com o despertador; é preciso treino, assim como toda habilidade em negociação. Coloque-se em situações nas quais possa explorar sua criatividade. Importante: definitivamente o cliente não é a pessoa certa para você treinar suas habilidades. Faça antes, por várias vezes, quantas forem necessárias, mas com sua equipe, sozinho ou com amigos. No momento que está com o cliente é a hora de colocar em prática!

Ao ficar de frente com seu interlocutor, seja ele um cliente, seja seu chefe, um amigo ou seu cônjuge, uma habilidade que precisa ter e se não tem deve aprender é **manter a calma e o controle** mesmo nas situações mais desafiadoras. Entendo que a negociação muitas vezes envolve conflitos e tensões, mas a missão é permanecer determinado a nunca deixar que suas emoções prejudiquem o processo. Tenha a capacidade de controlar sua inteligência emocional e pensar de maneira racional mesmo sob pressão. Isso não é simples, pois em muitos momentos não agir pela emoção é muito difícil, mas saiba que é possível e o resultado desse controle são negócios e acordos mais vantajosos.

Mantendo a calma você é capaz de fazer boas escolhas, inclusive saber qual técnica ou habilidade colocar na mesa. Por exemplo, fazer uso da **concessão condicionada**, uma das técnicas de que mais gosto e que, quando bem treinada, torna-se habitual e naturalmente passa a fazer parte dos seus argumentos. A **concessão condicionada** envolve permitir licenças estratégicas apenas quando certas condições são atendidas. Seu interlocutor pediu que você cedesse em algo, mas na sua cabeça, se concordar, vai parecer fraco, submisso na negociação ou não verá vantagem nisso. Nesse momento é hora de colocar uma condição. É necessário que o outro também ceda algo. Por exemplo, quando o cliente pede um desconto, você solicita que a condição de pagamento tenha um sinal, que não existia originalmente. Essa abordagem ajuda a manter o equilíbrio de poder e evita concessões desnecessárias.

Você é um negociador e ponto!

Chegou até aqui e ainda tem a impressão de que negociação não é para você? Vou lhe contar um segredo: nós negociamos desde quando saímos do ventre. Quando choramos por colo, por comida, para que nos troquem a fralda etc. Nós somos negociadores! Mas isso que fazemos desde pequenos é o que chamamos de negociação intuitiva. Nessa fase, as habilidades nos dominam. O problema é que muitos de nós passamos a vida negociando intuitivamente e perdendo ótimas oportunidades. Quando aprendemos as técnicas certas e aprimoramos nossas habilidades, passamos do cenário em que elas nos dominam para o ideal. Nós as dominamos e usamos quando, como e onde queremos!

Usando as ferramentas certas, entendendo cada cenário e se adaptando a cada contexto, a negociação pode lhe fazer alcançar o sucesso nos negócios e na vida. Espero que os *insights* gerados possam lhe inspirar e orientar na busca pelo domínio na arte da negociação. Saiba que, com a mentalidade certa e as estratégias adequadas, qualquer desafio pode ser superado e qualquer objetivo pode ser alcançado.

06

TRANSFORMANDO O NÃO EM ENERGIA PARA SUPERAR BARREIRAS

A força do NÃO impulsionou a carreira de uma das mulheres mais influentes no mercado de energia brasileiro. Os desafios, as barreiras e todo o aprendizado construído durante essa longa jornada serão contados neste instigante capítulo, que certamente servirá de inspiração para muitas jovens que vislumbram essa posição de destaque.

SILLA MOTTA

Silla Motta

59 anos, divorciada, mãe da Lais (24 anos) e tutora da Coral, uma boxer de 10 anos. Administradora de empresas com MBA em Marketing pelo IAG Master, da PUC-Rio. Orgulha-se de uma trajetória de 41 anos de trabalho, iniciada no subúrbio carioca e alçada até a Cúpula dos Líderes do Pacto Global da ONU, na Semana do Clima em Nova Iorque, um dos momentos mais emocionantes de sua vida. Atua, desde 1997, no setor elétrico brasileiro, nas áreas de geração, distribuição e comercialização de energia. Fundadora e CEO da Donna Lamparina, uma empresa cuja razão de existir é levar luz para a escuridão. Especializada em estruturar e desenvolver comercializadoras de energia no Brasil. Mentora dos programas Interligadas – GIZ e Elas na Indústria – FIESP. Embaixadora das marcas Climatempo, CanalEnergia, HL Soluções e Carbono Zero. Coautora do e-book *A voz feminina da sustentabilidade*. Vencedora do prêmio Cubi Awards 2023, na categoria Embaixadora do Mercado de Energia.

Contatos
sillamotta.com.br
donnalamparina.com.br
Instagram: @silla.motta
LinkedIn: linkedin.com/in/silla-motta%C2%AE%EF%B8%8F-313a8549/

Para morrer, basta estar vivo

A realidade do subúrbio carioca me parecia muito distante do meu sonho de ser uma bailarina clássica do Bolshoi. Filha do meio de uma família cujo pai era operário e a mãe se dedicava a cuidar do lar, logo fui persuadida a cursar a Escola Normal e garantir uma forma de gerar renda para bancar minhas despesas. Isso me levou ao primeiro emprego como professora primária de uma escolinha do bairro. Não demorou para eu perceber que, apesar de fascinante essa relação com as crianças, a remuneração não compensava o trabalho e a dedicação. Incentivada pelo meu pai, ingressei no laboratório de qualidade da Souza Cruz, fui cursar Administração de Empresas e comecei a sentir o gostinho de ganhar dinheiro suficiente para pagar a faculdade, a moto financiada e a gasolina para os deslocamentos. Esse foi o início de uma longa jornada que me trouxe até aqui.

Lá pelos idos de 1990, atuava na área de Qualidade da Souza Cruz, mas já mirava o departamento de Vendas, setor que, naquela época, não admitia mulheres em seus processos seletivos. Tão logo um novo programa de *trainee* foi aberto, pedi autorização aos meus chefes para participar. Um "não" veio prontamente como resposta, sem nenhuma justificativa plausível. Insisti: "Posso ao menos conversar com o diretor da área?". Com a devida permissão, lá fui eu...

O responsável pela área de Vendas foi direto, sem rodeios: o programa de *trainee* requeria jornadas consideradas de alto risco, como percorrer comunidades no Rio de Janeiro. Equipes sofriam assaltos e sequestros; até mortes foram registradas. Expliquei a ele que era uma suburbana de Bangu, um dos bairros mais conhecidos do Rio de Janeiro pela quantidade de presídios e o alto índice de violência.

Eu saía todos os dias às quatro horas da manhã para ir trabalhar de moto na Tijuca, um trajeto de uns bons quarenta quilômetros. Correr perigo já fazia parte da minha história de vida. Fui criada ouvindo meu pai dizer que "Pra morrer, basta estar vivo". O diretor, não sei se por convicção ou cansaço, permitiu minha participação no processo seletivo sob uma condição: renunciar à minha posição original se não fosse aprovada. Em outras palavras, se eu não passasse, iria para o olho da rua. Topei, fui aprovada e, ao final do programa, fui a única entre oito candidatos a ser promovida a supervisora de promoção e merchandising.

Daquele dia em diante, tive a certeza de que nada mais poderia me impedir de alçar novos voos. Foram quase cinco anos organizando e participando de grandes eventos como Hollywood Motocross, Carlton Dance, Free Jazz e Hollywood Rock. Nada mau para uma jovem de 25 anos cursando a pós-graduação do IAG Master na PUC-Rio.

Mas, cansada de trocar quase todos os fins de semana para cumprir a agenda insana do calendário de eventos, decidi me demitir e enveredar pelo mundo mágico do empreendedorismo. Abri minha primeira empresa e tive a própria Souza Cruz como cliente inaugural da lista. Foi uma experiência e tanto, pois conseguia ganhar bem mais como fornecedora do que como colaboradora. Comprei meu primeiro carro, um Escort XR3, que era o mais cobiçado pela juventude daquela época. Tudo ia bem até meu pai decidir que iria trabalhar comigo. As divergências profissionais não custaram a aparecer e, para preservar o bem-estar da família e a felicidade geral da nação, optei por entregar a empresa para ele e retomar a carreira executiva.

Um passo de cada vez

A permanente vontade de desbravar me levou a buscar um novo caminho e lá fui eu fuxicar os classificados do *Jornal do Brasil*, que era a forma como encontrávamos emprego naquela época. Isso foi no final da década de 1990 e o anúncio não revelava o nome da empresa. Apenas procuravam por profissionais ousados que desejavam encarar um novo modelo de negócios na área de grandes clientes.

O processo seletivo contemplava uma dinâmica de grupo com o propósito de avaliar a capacidade de negociação dos participantes. Basicamente os grupos possuíam peças de Lego® (um brinquedo de montar) para compor objetos como casa, carro, avião, trator e outros objetos do tipo. Obviamente, as peças estavam embaralhadas entre os grupos, para que cada participante descobrisse onde elas estavam e conseguisse negociar a obtenção delas. Pois bem, meu grupo estava ganhando e, no final, faltava apenas uma peça para completarmos o desafio. Claro que aqueles que estavam com a última peça ficaram irredutíveis na negociação para impedir nossa vitória.

Depois de esgotadas todas as estratégias possíveis e imagináveis, eu simplesmente fui até o grupo, peguei a peça faltante e completei a construção do objeto. Nem preciso dizer o rebuliço que essa atitude provocou. Uma indignação geral tomou conta dos candidatos contestadores sobre a impossibilidade de simplesmente ir até o concorrente e pegar a última peça. Imediatamente argumentei sobre as práticas de concorrência no mundo real. Nenhuma empresa pede licença para tomar o cliente do outro. Além do mais, não havia qualquer restrição na regra estabelecida na dinâmica que impedisse essa prática.

A conclusão é que fui a escolhida para assumir a vaga na área de Grandes Clientes da Light, que acabara de ser privatizada e se preparava para encarar o Ambiente de Contratação Livre, no qual os clientes podem escolher de quem comprar sua energia. Assim foi minha entrada no setor elétrico brasileiro. Depois de passar pelos grandes grupos de energia, dos diversos segmentos de Geração, Distribuição e Comercialização, acabei indo trabalhar com um grupo familiar, tendo a missão de comercializar a energia das usinas de geração deles.

Era uma posição confortável, em um trabalho em home office, algo inovador para o ano de 2012 e que me permitia conciliar uma boa remuneração com qualidade de vida, por morar numa praia paradisíaca do Rio de Janeiro. Eis que veio a crise financeira de 2015. O aumento expressivo do dólar e a queda dos preços da energia foram suficientes para levar o grupo empresarial a uma recuperação judicial. A empresa imediatamente demitiu todos os funcionários e manteve apenas os membros da família na luta pela sobrevivência. Esse movimento me pegou totalmente desprevenida, sem reservas financeiras, recém-saída de um divórcio, com uma filha no último ano do ensino médio e algumas dívidas para pagar. Absolutamente um dos momentos mais difíceis de toda a vida.

A única alternativa era ser forte; não era uma questão de escolha. Aluguei a casa, deixei minha filha morando com uma família de amigos para que ela pudesse concluir o ensino médio, usei meu carro para trabalhar como motorista de aplicativo, trabalhei como *pet sitter*, fui recepcionista de uma clínica dermatológica por indicação da minha irmã. Também assumi a posição de professora executiva em uma grande instituição de ensino, graças à recomendação do meu namorado da época, que me acolheu como hóspede em sua casa até que eu pudesse me reerguer.

Pelo fato de estar afastada de São Paulo, o principal centro de comercialização de energia do país, levei mais de dois anos para regressar para o setor. Apenas em 2016, com a orientação de um amigo, cadastrei-me como microempreendedora individual (MEI) para originar clientes para a empresa onde ele trabalhava e tinha dificuldade de acessar as indústrias do Rio de Janeiro. Foi mais uma atividade que aprendi a conciliar com as demais que geravam receita para ajudar nas despesas. Depois de quase um ano de dedicação, conseguimos migrar o primeiro cliente carioca, que nos contratou para realizar a gestão dos contratos e acabou comprando energia conosco. Apesar disso, foi somente em 2017 que efetivamente voltei a atuar em São Paulo, na minha primeira estruturação de comercializadora de energia, em carreira solo. Graças à indicação de uma amiga, com a qual já havia trabalhado, estava de volta ao maior centro financeiro da América Latina. Enfim, comecei a escrever um novo capítulo para minha história.

Camaleão

São Paulo me proporcionou inúmeras oportunidades que me mantiveram até hoje por aqui. Além de estruturar diversas comercializadoras de energia pelo país, atualmente sou reconhecida como uma das lideranças femininas mais influentes no setor. Recebo diversos convites para palestrar, ministrar cursos de capacitação, atuar como mentora em programas de desenvolvimento para mulheres. Virei uma marca registrada e fui contemplada com o prêmio Cubi Awards 2023, na categoria Embaixadora do Mercado de Energia.

A fim de alcançar meu público, que é extremamente segmentado e com alto poder aquisitivo, precisei investir na criação de uma marca. Comecei pelo LinkedIn solicitando conexão para as pessoas que admirava e que poderiam de alguma maneira me ajudar a ganhar visibilidade. Passei a selecionar conteúdo relevante sobre inovação e transição energética dos países mais desenvolvidos. Essa ferramenta atraiu mais de 36 mil seguidores. Aderi ao Pacto Global da ONU, o que me levou a participar da Cúpula dos Líderes, em 2023, realizada na Semana do Clima em Nova Iorque. Aproximei-me das associações dos mercados emergentes, frequentei os principais eventos, me ofereci para ajudar na curadoria e na indicação de especialistas. Tenho muito orgulho em dizer que todas as empresas que foram estruturadas ou desenvolvidas com a minha assessoria estão em franco crescimento, operam dentro das melhores práticas e dos maiores índices de segurança do mercado.

Os aprendizados dessa jornada fortaleceram os conceitos básicos das técnicas de vendas. As pessoas compram reputação, credibilidade, carisma e, acima de tudo, empatia. Por exemplo, aos 30 anos, eu era gerente de vendas em uma fabricante de canetas de luxo e, ao telefone, um clássico: cliente insatisfeito, ameaçando recorrer ao Procon, já que ninguém parecia interessado o suficiente para resolver seu problema. Acolhi, entendi a situação e pedi uma oportunidade para solucionar sua queixa. Acompanhei pessoalmente o conserto, do início ao fim, até que a caneta estivesse em perfeito estado. Por isso, sempre digo para aqueles que me procuram em busca de melhorias: foque na solução, não no problema; não faça para se livrar da pendência, mas para solucioná-la definitivamente.

O ano era 2009 quando fui convidada para fazer consultoria em uma empresa de energia. O cargo estava praticamente extinto, dado que a diretora da época não tinha aprovado os últimos quatro consultores que passaram por lá, em um período de seis meses. Trabalhei de graça por 15 dias. Ela estendeu o contrato por três meses, depois seis meses e, ao final de um ano, convidou-me para participar integralmente da equipe. Meu diferencial estava relacionado à capacidade de interpretar minha diretora, perceber como era sua forma de trabalhar e adequar-me àquela liderança. Um bom negociador mapeia o comportamento dos demais para poder agir com precisão. Em vendas, chamamos de vendedor camaleão.

Além de construir empresas, acabo desenvolvendo relações de amizade. Os clientes viram amigos, com base na sólida confiança que existe em meu trabalho, reconhecido por entregar sempre mais do que o esperado – fora a interface com a minha rede de relacionamento, que vale muito mais do que a transferência de conhecimento.

Se eu pudesse voltar no tempo e ensinar a mim mesma algumas lições, estas seriam algumas delas:

- Invista no seu desenvolvimento; esse é o melhor investimento que podemos fazer na vida.
- Cultive relacionamentos saudáveis sem esperar nada em troca. A ajuda não deve fazer reféns.
- Seja curioso e acompanhe as tendências dos países desenvolvidos; uma hora elas chegam por aqui.
- Esteja preparado para as mudanças, pois essa é uma das poucas certezas que temos na vida.
- Busque o equilíbrio entre a vida pessoal e a profissional (ainda estou aprendendo esta parte).

Por último e não menos importante, faça o que precisa ser feito. A vida não lhe dará nada de graça. Portanto, só nos resta ter "força e coragem", como dizia meu avô Saul Nazário.

07

NEGOCIAÇÃO VENCEDORA NO VAREJO

Mergulhe nesta leitura cheia de *insights*, estratégias e histórias inspiradoras, que transformarão sua maneira de pensar e agir, mas, por outro lado, mostrarão que fazer o óbvio e o simples ainda é uma estratégia vencedora. Além disso, será possível tomar conhecimento de práticas de vendas, negociações e dicas adotadas por varejistas para incrementar suas vendas no ponto de venda.

ORLANDO ALVES DA SILVA

Orlando Alves da Silva

É graduado em Ciências Contábeis pela Faculdade Campos Salles (SP), com MBA em Negócios de Varejo, Estratégia e Gestão pela FIA-SP, com extensão nas Universidades de Manchester e Exeter - Reino Unido, Youngstown - Ohio, Estados Unidos e Grenoble - França. Formação em Conselheiro de Administração pelo IBGC-SP. Executivo com mais de 30 anos de experiência em gestão comercial, operacional e novos negócios, atuando no segmento do varejo alimentar em hipermercados, atacarejos, pet e farmacêutico, nas principais empresas de varejo do país, nacionais, multinacionais e familiares, de pequeno, médio e grande portes. Atua como conselheiro, consultor de varejo, mentor e palestrante. Autor do livro *Determinação: histórias de um executivo do sertão* e coautor do livro *Os conselheiros*, vol. 2, da Board Academy.

Contatos
orlando@gruposm.com.br
LinkedIn: linkedin.com/in/orlando-gruposm/
WhatsApp: 11 96582 3387
11 4100 5138

Eu acredito que toda história de alguém e toda a trajetória de vida das pessoas tem um ponto de partida, e só faz sentido falar do meu presente se eu contar um pouco mais do meu passado. Sou daqueles que acreditam que a gente deve honrar de onde vem, evoluir, sim; mudar, sim; melhorar de vida com toda a certeza, mas jamais deixar de lado a nossa origem. Tenho muito orgulho da minha história e sei que tudo, tudo, tudo pelo que passei foi o que me fez chegar até onde estou hoje.

Nasci no interior do Piauí, na roça mesmo. Nossa família era muito humilde e passamos por muitas dificuldades juntos; mesmo assim, sempre admirei a persistência do meu pai, que considerei um cara muito inteligente por ter enxergado que existiam oportunidades para além do sacrifício. E sou muito grato a ele por isso. Devo muito da minha história a ele.

Eu, por exemplo, comecei a trabalhar desde muito cedo como balconista de loja, depois como camelô em feiras locais e próximo da cidade onde morávamos, e acredito que isso logo despertou em mim o entusiasmo pelo varejo.

Já nessa época, comecei a ouvir que eu era um bom vendedor, que eu sabia me comunicar muito bem, e passei a ser disputado por algumas lojinhas da cidade.

Quando terminei o colégio primário na cidade de São Raimundo Nonato, queria dar continuidade aos meus estudos para gerar condições de evoluir e com minha carreira profissional, mas sabia que ali onde eu estava não existiam muitas condições interessantes, nem escolas para fazer um curso técnico ou colegial. Isso me deixava um pouco ansioso, porque sabia que meus pais não tinham condições financeiras para me ajudar naquela empreitada; eu só pensava: “E então, o que eu vou fazer agora?”.

Porém, com muito esforço, mais uma vez com estímulo e ajuda do meu pai, consegui me deslocar para Petrolina (PE), uma cidade a 300 km de São Raimundo Nonato, onde iniciei os estudos do colegial. No entanto, diante das dificuldades financeiras da família em bancar meus custos longe de casa, resolvi procurar uma alternativa de me estabelecer e dar continuidade aos meus sonhos.

Em busca desse objetivo, alistei-me no serviço militar obrigatório da Marinha em Juazeiro (BA), cidade separada de Petrolina apenas pelo Rio São Francisco, partindo mais uma vez de Petrolina direto para Salvador, na Bahia, onde se situava a base naval mais próxima e que abrigava a escola de formação de recrutas.

Assim, eu acreditava que pelo menos teria um lar temporário e não interromperia meus estudos, o que acabou se confirmando, pois concluí o curso colegial enquanto cumpria o serviço militar na Marinha.

Foi uma sensação de conquista incrível: primeiro a oportunidade de conhecer uma grande cidade; segundo, dispor de uma condição que me permitisse dar continuidade aos meus estudos, sem precisar da ajuda dos meus pais, uma vez que na Marinha como recruta eu recebia uma pequena remuneração e morava na própria Base Naval. Então, logo após essa conquista tive a certeza de que eu seria mais um jovem que iria além dos horizontes do sertão nordestino.

Mais importante que a conquista é o caminho que levou você até ela.

Conceito, início e sucesso

O conceito acadêmico de **vender** é o processo de troca entre um produto ou serviço e dinheiro, ou seja, **oferta de valor e recompensa**. Em outras palavras, podemos afirmar que a venda é a troca por meio de uma negociação em que uma parte tem oferta da venda por um determinado valor, e outra parte tem a demanda da compra, que também está disposta a pagar um valor compensador pela aquisição a ser realizada, **daí o conceito de oferta de valor e recompensa**.

Embora esse conceito esteja ligado a vendas e negociações, adotamos essa prática desde a infância, por exemplo: quando um bebê chora e a mãe lhe amamenta para que se cale, houve uma negociação para que o bebê parasse de chorar. Esse comportamento se prolonga ao longa da vida, até aprendermos outras técnicas de negociações, tanto na prática quanto ensinadas nas **Escolas de Negócios**, mas podemos afirmar que vender e negociar são artes naturais da humanidade.

A roça na estrada – o início de tudo

Como vocês já leram no meu histórico de vida, o fato de ter minha origem no interior do sertão nordestino e os desafios para quebrar o ciclo da falta de educação e condição financeira levaram-me a praticar, desde cedo, a arte de negociar por meio de venda e/ou troca do que era produzido em nosso sítio – leite, mandioca e seus derivados – para adquirir os bens essenciais que precisávamos para sobreviver e não produzíamos, como calçados, roupas e outros.

Essas vendas eram realizadas nas comunidades próximas e para os visitantes, sendo esse meu primeiro aprendizado da importância da relação com o cliente, visando garantir uma renda recorrente, que propiciasse a aquisição daqueles bens. Também complementávamos a receita com a venda da pele dos animais abatidos de nossa própria criação, como bois, bodes e carneiros, acrescida da venda da pele de outros animais que abatíamos em nossas caçadas – porco-do-mato, veados, gatos selvagens etc.

O balconista – adquirindo experiência

O fato de acreditar que estudar seria a única maneira de me tirar da roça me levou a um povoado que hoje se transformou em município e, aos 11 anos, tornei-me um balconista do maior armazém do povoado. Em razão da importância desse armazém para a população local, passei a atender clientes de todas as comunidades que vinham até a cidade fazer compras e vender seus produtos. Ser balconista naquela época tinha seus desafios, mas também muito aprendizado, e um deles era meu conhecimento sobre o que o pessoal trazia para vender: produtos agrícolas e em especial as peles de animais que o armazém também comprava. Era fundamental saber classificar bem o produto na hora da compra para evitar perdas na hora da comercialização, fosse ela feita para o cliente final, fosse ou a fornecedores que transformariam esses produtos.

Para isso, alguns procedimentos eram imprescindíveis, como furar a saca do feijão ou milho com um cano por onde corriam os grãos para podermos avaliar a qualidade e aparência do produto, bem como a quantidade de furos nas peles (a bolsa de cereais adota até hoje a prática do furo nas sacas na compra desse tipo de produto). Pelo fato de a minha relação com os clientes ser bastante representativa, passei a ganhar visibilidade e importância no atendimento desses clientes, projetando-me à condição de balconista destaque do armazém, pelo fato de já ser conhecido no povoado e na região.

Camelô ambulante – o *case*

Por essa visibilidade e pelo sucesso alcançado no armazém, aos 15 anos fui convidado por uma rede local que comercializava tecidos, confecções e produtos de utilidades domésticas para fazer parte de um projeto que consistia em irmos até onde o cliente estava para vender nossas mercadorias e, ao mesmo tempo, comprar tudo que ele tivesse para vender, eliminando assim a necessidade de ele vir até a cidade comercializar seus produtos. Surgia aí a figura do **CAMELÔ AMBULANTE**. Durante quatro dias da semana percorríamos as principais comunidades ao redor do povoado, instalando barracas para venda dos nossos produtos e compra do que era produzido pelas comunidades e colocado à venda, mais tarde transformando essa operação no negócio principal da rede que perdura até hoje.

Autosserviço – a forma moderna de venda

Quando cheguei ao grande varejo, o autosserviço já havia revolucionado o modo de vender pelo mundo afora. Esse modo de venda eliminou a figura do vendedor/balconista, trazendo alguns benefícios, mas ao mesmo tempo desafios, por exemplo: "Como suprir a venda adicional feita pelo vendedor no contato direto com o cliente?".

O mercado se reinventou rapidamente, implantando uma nova metodologia de exposição que levaria ao incremento do ticket médio das lojas sem a necessidade do atendente, metodologia hoje conhecida como *cross-selling*, adotada rapidamente por todo o varejo. Hoje, ao adentrar em uma loja você se depara com exposições que o(a) levam a consumir algo que você não havia planejado comprar. Este é um trabalho feito desde a exposição até a precificação, como exposição de queijo ralado ao lado do macarrão, o tempero ao lado da carne e a precificação de *packs* que você tem a opção de pagar menos e levar mais – o tradicional leve quatro pague três – e venda de serviços como garantia estendida, muito comum hoje em dia.

Propósito é ter um caminho para seguir

Tenha um propósito, no qual satisfação é o que você entrega, e você será um vencedor. Minha trajetória pessoal e profissional mostra o quanto é importante ter um propósito. Meu propósito inicial era estudar para garantir a possibilidade de uma carreira profissional que me trouxesse satisfação e realização. Essa jornada começou na roça, vendendo produtos agrícolas para compra de produtos manufaturados, passando pela minha experiência como balconista e camelô ambulante, até atingir meu primeiro cargo executivo aos 26 anos, e atuar por mais de 30 anos em cargos executivos nas principais empresas de varejo do país.

Com isso, acredito que consegui atingir meu propósito em ambas as situações, porque, além da conquista de cargos executivos, tive a felicidade de concluir uma graduação, um MBA e estudar em escolas internacionais, o que me propiciou conhecimento diferenciado e capacitação para implementar projetos de inovações nas empresas em que trabalhei.

Após minha aposentadoria executiva, continuei investindo na minha formação por acreditar que ainda posso contribuir com as pessoas e empresas.

Hoje atuo como empreendedor, conselheiro, consultor, mentor e palestrante, com foco em empresas familiares. Em 2023 lancei o livro *Determinação:* histórias de um executivo do sertão e fui coautor do livro *Conselheiros:* volume 2 pela.

Para finalizar, nessa trajetória tirei alguns aprendizados que quero aproveitar para compartilhar aqui:

> "Ter um propósito é ter um caminho a seguir."
> (Orlando Alves da Silva)

- **Relacionamento**: é importante você saber eleger as pessoas com quem se relaciona em cada momento de sua carreira, porque é por meio de uma rede sólida de network, colegas e mentores, que surgirão aprendizados e oportunidades. Ao investir tempo e energia em relacionamentos saudáveis, você colherá benefícios não apenas em termos de realização pessoal, mas também em suas metas profissionais e na construção de uma vida mais plena.
- **Negociação**: é crucial desenvolver sua capacidade de negociar, haja vista que essa é uma habilidade de utilização diária em todas as nossas atividades, principalmente com as pessoas que pensam diferente de você. Isso propicia pontos de vista diferentes sobre qualquer tema, e leva a tomar decisões mais assertivas ou fazer negócios ainda melhores. Ao dominar essa habilidade, podemos criar valor, resolver conflitos e alcançar nossos objetivos com maior eficácia. Portanto, o desenvolvimento de habilidades de negociação é um investimento que traz retornos significativos ao longo da vida.
- **Raciocínio estratégico**: você precisa ter a sabedoria de raciocinar com calma e definir sua estratégia com cautela. Saber o que fazer e quando agir definem seu destino em um jogo ou em um negócio, porque, ao pensar de maneira sistêmica e tomar decisões ponderadas, podemos alcançar os objetivos traçados de forma mais consistente, superar desafios com confiança e traçar caminhos para o futuro de modo estruturado. Logo, desenvolver essa habilidade será um diferencial. **O segredo do sucesso está na diversidade de ideias, porque a unanimidade bloqueia a capacidade de inovar.**

"As coisas não planejadas podem até dar certo, mas com um bom planejamento a probabilidade de dar certo é muito maior."
(Orlando Alves da Silva)

- **Inovação**: se você tiver abertura para aprender, surgirão novas oportunidades e você atingirá as pessoas que agem e pensam diferente. Inovar é necessário para manter-se conectado e para extrair o melhor das transformações atuais. A inovação é uma ferramenta poderosa para o crescimento individual e coletivo, capacitando as pessoas a pensarem de forma criativa. Ao cultivar uma mentalidade inovadora, você alcançará novos patamares de sucesso e realização.
- **Mentalidade de aprendizado contínuo**: o ambiente profissional está em constante evolução, e aqueles que se adaptam mais rapidamente têm maior probabilidade de sucesso. Esteja aberto a aprender com suas experiências, tanto no sucesso quanto no fracasso, pois o aprendizado contínuo é o caminho para se manter relevante e competitivo no mercado de trabalho.
- **Proatividade e iniciativa**: seja proativo em sua abordagem ao trabalho, constantemente buscando maneiras de agregar valor à sua organização. Esteja sempre aberto(a) a assumir responsabilidades adicionais, propor soluções para problemas e buscar oportunidades de crescimento. A iniciativa é uma qualidade valorizada por empregadores e colegas de trabalho.

Referências

SILVA, O. Ter um propósito é ter um caminho a seguir. *In*: SIMONATO, M.; SOUZA, F.; GOMES, E. *Os conselheiros*, vol. 2. São Paulo: Board Academy, 2023, p. 245.

SILVA, O. *Determinação*: histórias de um executivo do sertão. São Paulo: Paraquedas, 2023.

08

DA PRESENÇA OFF-LINE À EXCELÊNCIA ON-LINE

MAXIMIZE VENDAS NA ERA *OMNICHANNEL*

Embarque em uma jornada fascinante na qual tecnologia e informação moldam o cenário comercial. A venda omnicanal é o alicerce para empresas que buscam se adaptar às demandas do consumidor contemporâneo. Este capítulo desvenda desafios e promessas dessa transformação, explorando casos de sucesso e estratégias práticas. Descubra como aplicar esses *insights* e ferramentas para impulsionar seu negócio.

ANDREA RIOS S. TEIXEIRA

Andrea Rios S. Teixeira

Empreender para ajudar empresas a crescer, lucrar e inovar. Com essa proposta, Andrea Rios, especialista em *omnichannel* e professora no MBA da Fundação Getulio Vargas, fundou, em 2020, a Orcas, em que desenvolveu o exclusivo Índice Omnichannel, para atender empresas de diversos setores. Sua trajetória profissional foi orientada sempre pela experiência adquirida junto a grandes *players* do mercado, como a Unilever, onde iniciou sua carreira e atuou por dez anos, além das gigantes de telecom Samsung e Motorola, onde trabalhou por sete anos. A executiva atua, desde 2016, com projetos em soluções de vendas e marketing *omnichannel* para indústria e varejo. Além disso, trabalha com o Terceiro Setor, sendo membro do conselho consultivo da Decor Social, instituição que atua em prol de crianças e adolescentes que vivem em abrigos. Também foi CEO do Grupo Mulheres do Brasil.

Contatos

orcas.com.br

consultoria@orcas.com.br

Instagram: @orcas.omnichannel
@andrearios.st

LinkedIn: linkedin.com/in/andreariosteixeira/

No universo em constante movimento dos negócios, as novas tecnologias têm sido verdadeiros catalisadores de mudança e transformam radicalmente a maneira como os consumidores interagem com as marcas. Hoje, o cliente tem acesso a um verdadeiro oceano de dados a qualquer hora e em qualquer lugar, o que lhe confere o poder de comparar preços e produtos de forma nunca vista antes.

Diante desse cenário desafiador, as empresas não têm outra opção senão adaptar suas estratégias para atender às exigências desse novo perfil de consumidor. Além disso, também precisam investir em análises cada vez mais sofisticadas para compreender a fundo os padrões de compra, ampliar seus pontos de contato e personalizar suas ofertas, comunicações, preços e até mesmo o modo como distribuem seus produtos.

Para nós, profissionais de vendas, o desafio é identificar os momentos-chave nos quais os clientes estão mais receptivos a serem influenciados nas suas decisões de compra.

É crucial compreender que não é apenas a tecnologia que está impulsionando essa revolução nos mercados: são os próprios clientes. Isso significa que as empresas precisam abraçar uma forma de inovação que vá além da simples adoção de tecnologia, englobando uma transformação fundamental em seus modelos de negócios, especialmente no que se refere à evolução de seus canais de vendas. Um exemplo claro dessa mudança está na indústria de viagens, onde gigantes como Booking.com, Expedia, TripAdvisor e Airbnb desafiaram os modelos tradicionais, sacudindo os intermediários convencionais. Adicionalmente, setores como o bancário também foram profundamente afetados com o surgimento de novos *players* digitais que priorizam a experiência do cliente em detrimento das agências físicas.

Enquanto alguns sucumbiram diante dessa onda de mudança, outros prosperaram, demonstrando uma notável capacidade de adaptação e inovação. A Sephora, por exemplo, é um caso emblemático que integrou uma variedade de pontos de contato para proporcionar uma experiência personalizada e envolvente.

Venho pesquisando a transição das empresas para a *omnicanalidade* há mais de uma década. Em 2014, dei o pontapé inicial nesta jornada após acumular 16 anos de experiência em empresas multinacionais como Unilever, Samsung e Motorola, além de cinco anos de consultoria para empresas nacionais. Minha pesquisa acadêmica, aliada à experiência prática no Magazine Luiza, resultou na criação do Índice Omnichannel para empresas em países emergentes. Desde então, tenho mantido conversas constantes com clientes, aplicando esse índice e observando um padrão comum nos desafios enfrentados para a evolução de vendas na abordagem *omnichannel*.

E o que há dez anos era apenas tendência, hoje já é realidade. Mais de 55% dos consumidores brasileiros preferem a jornada de compra on-line ou omnicanal; as empresas, por sua vez, buscam oferecer uma experiência "figital" (mistura do físico com o digital), por exemplo: descontos no app para serem usados também nas lojas físicas, vendas via WhatsApp ou um *game* como ferramenta de engajamento frequente.

O indivíduo chamado de "consumidor zero" (zero folga no orçamento; zero lealdade; zero barreiras) está inquieto diante da inflação, testemunhando seus gastos superarem sua renda, resultando em uma margem orçamentária praticamente inexistente. Com menos recursos disponíveis, sua fidelidade às marcas diminui, optando por alternativas mais acessíveis ou explorando novos métodos de compra em busca de economia – demonstrando uma lealdade quase nula. Ele almeja uma experiência de compra sem barreiras, integrando perfeitamente os canais on-line e off-line – buscando uma abordagem omnicanal eficaz.

Este capítulo não é apenas uma visão sobre vendas *omnichannel*, mas também uma oferta de conceitos e ferramentas que você poderá aplicar para fazer a diferença em sua empresa.

Nem tudo são flores

Quando comecei minhas pesquisas, lá no início, o conceito de *omnichannel* era praticamente desconhecido no Brasil. Não havia publicações sobre o tema; era um território inexplorado. Com uma intensa curiosidade, fui estudando e observando a evolução de mercados em bens de consumo fora do Brasil. Naquele momento, algo me chamou a atenção: o rápido crescimento, nos

Estados Unidos, das vendas on-line do setor pet, que já estava influenciando as vendas nas lojas físicas com promoções integradas, programas de fidelidade e opções de retirada na loja.

Tive então a certeza de que o *omnichannel* estava a caminho, e a tecnologia não seria mais apenas uma ferramenta de suporte, mas sim a espinha dorsal das estratégias de negócios. Acreditei firmemente que o avanço tecnológico mudaria radicalmente o comportamento de compra dos consumidores brasileiros. Com minha experiência prévia de sete anos no mercado de telecomunicações, onde testemunhei de perto a rapidez com que os brasileiros adotavam novas tecnologias, como celulares, aplicativos e redes sociais, parecia apenas uma questão de tempo até que o consumidor brasileiro também se tornasse *omnichannel*.

Decidi então dedicar meu mestrado à evolução das empresas para o *omnichannel*. Ao concluir o curso, já estava trabalhando em projetos com novas tecnologias de ponto de venda e gestão de canais. Porém, percebi que o conceito de *omnichannel* ainda era nebuloso para muitas organizações brasileiras, e os gestores tinham dificuldade em entender como aplicá-lo em seus negócios. Comecei então a fazer palestras e treinamentos sobre transformação digital e seu impacto nas áreas de vendas e marketing.

Em 2017, recebi o convite para ser CEO do Grupo Mulheres do Brasil, uma oportunidade desafiadora e inesperada. Embora tenha sido uma mudança radical em relação ao meu trabalho anterior, decidi aceitar o desafio. Depois de dois anos liderando o grupo, decidi voltar ao setor privado e fundei a Orcas Omnichannel Experience no início de 2020, uma consultoria *martech* dedicada a ajudar empresas a implementarem soluções *omnichannel* em negócios e tecnologia.

Então veio a pandemia, e com ela o inesperado *lockdown*. As empresas se viram obrigadas a desenvolver canais on-line às pressas para sobreviver. Aquelas que já haviam diversificado seus canais de vendas estavam mais bem preparadas e conseguiram se recuperar mais rapidamente. Um exemplo disso é a Target, varejista americano que, logo no início da pandemia, soube se adaptar em pouco tempo, oferecendo opções como *drive-thru*, retirada na loja e entrega no mesmo dia. Foi durante a pandemia que o conceito de *omnichannel* se tornou amplamente reconhecido e desejado pelas organizações, à medida que os consumidores buscavam soluções de compra sem contato físico.

Um de nossos primeiros clientes na Orcas era um varejista de médio porte que atuava há mais de 20 anos apenas com lojas físicas. Ajudamos a estruturar e implementar a diversificação de canais, incluindo vendas por delivery, *marketplaces* e aplicativo com serviços de retirada na loja e entregas no mesmo dia. Em três meses, as vendas digitais já representavam 55% do total e, mesmo após a pandemia, continuaram em 20%.

Mas não foram apenas os varejistas que precisaram se reinventar; a indústria também foi afetada. O comportamento *omnichannel* dos consumidores impactou empresas de todos os setores, e a pressão por crescimento e lucratividade nunca foi tão intensa.

Uma indústria de bens de consumo, cliente nosso na Orcas, nos chamou para ajudá-los na diversificação de canais. Ao fazer o diagnóstico, identificamos um *gap* no portfólio da empresa em relação às expectativas do cliente, bem como quando comparado à concorrência. Começamos então, em conjunto com o cliente, a construir *quick wins* para incremento das vendas no curto prazo e redução de estoques atuais, seguido por uma modernização no portfólio à luz da estratégia *omnichannel*, que contemplou a diversificação de canais e uma gestão baseada em dados. Em quatro meses as vendas cresceram 50% e, no ano seguinte após a modernização do portfólio e início da operação de novos canais, o crescimento em vendas foi de 13%.

Quando me perguntam por onde começar a transformação para o *omnichannel*, eu costumo recomendar seis pilares estratégicos, que podem variar em intensidade dependendo de cada empresa: portfólio, canais, atendimento ao cliente, tecnologia e dados, ecossistemas e sustentabilidade.

Na Orcas, aplicamos nosso Índice Omnichannel nas empresas e desenvolvemos um *roadmap* de ações. Cada empresa precisa encontrar seu próprio caminho no ambiente *omnichannel*, e a gestão de canais pode ser uma fonte de vantagem competitiva sustentável, criando características únicas no mercado. Se você está interessado em aplicar o índice no seu negócio, disponibilizamos um escore gratuito em nosso site.

Algumas empresas ainda relutam em buscar a *omnicanalidade*, por questões de custo, complexidade ou por acreditarem que não se aplica ao seu negócio. O risco é que, no futuro, possam se arrepender e perder espaço para a concorrência. A estratégia para a *omnicanalidade* é única e demanda tempo para florescer com resultados escaláveis.

O futuro, quem sabe?

Conforme nos aventuramos pelo caminho rumo ao *omnichannel*, encontramos diversos desafios à frente, e o futuro, cada vez mais imprevisível, é moldado por evoluções tecnológicas constantes que afetam continuamente o comportamento de compra dos consumidores.

Entre os muitos desafios enfrentados pelas empresas que tenho acompanhado, os mais significativos (e comuns) são a integração de tecnologias e sistemas, juntamente com a integração da estratégia global, abrangendo desde o *mix* de marketing até o serviço ao cliente com a gestão de dados de produtos e clientes. No final das contas, é a harmonização desses elementos que resulta em melhorias de desempenho, como a redução de custos e uma operação mais eficiente, além de criar uma experiência de compra coesa e exclusiva.

Note que usei a conjunção "e" na frase anterior porque a integração atua de forma positiva tanto na perspectiva do cliente quanto na do negócio. Por exemplo, a gestão de dados do cliente não só melhora os processos de vendas, mas também permite oferecer serviços personalizados. Da mesma forma, a gestão de conteúdo multiplataforma não apenas otimiza as promoções, mas também proporciona uma experiência única ao cliente em diferentes dispositivos. A roteirização inteligente não apenas reduz os custos de frota, mas também otimiza as entregas, aumentando a satisfação dos clientes.

É essencial construir uma visão estratégica sólida para as vendas *omnichannel*, considerando não apenas a rentabilidade e o desempenho, mas também a escolha cuidadosa e o design dos canais, pontos de contato com o cliente, o papel das lojas físicas e as ofertas de produtos e serviços da empresa. Para desenvolver essa visão, é crucial entender o comportamento do cliente, aproveitar as informações internas e explorar o potencial das tecnologias digitais para aprimorar os processos da empresa e proporcionar experiências de compra excepcionais.

Por fim, mas não menos importante, as novas tecnologias, como blockchain e inteligência artificial (IA), bem como as questões de sustentabilidade, influenciarão o sucesso das empresas na jornada para a evolução *omnichannel*.

Vamos agora conversar sobre um tema que tem dado o que falar: a área de vendas e as ameaças tecnológicas dos últimos anos, especialmente com a chegada da IA. Existe uma crença comum de que, com essas novas tecnologias, muitos vendedores vão desaparecer. Eu desafio essa ideia. Acredito que tanto nós, seres humanos, quanto a tecnologia, temos nossos pontos fortes e fracos. E é exatamente isso que faz que cada um de nós contribua de maneira única para a experiência do cliente.

A IA, por exemplo, pode elevar a experiência básica do cliente. Ela melhora a consistência do serviço, aumenta a eficiência e tem uma incrível capacidade de realizar várias tarefas ao mesmo tempo. Tudo isso ajuda a elevar o nível geral da experiência *omnichannel* do cliente.

Por outro lado, nós, os vendedores humanos, somos especialistas em construir relacionamentos com nossos clientes. Temos a habilidade de demonstrar uma criatividade adaptativa, interpretar emoções e nos preocupamos com considerações éticas, coisas que a IA ainda não consegue replicar completamente. Nós expandimos os limites da experiência do cliente, levando-a a novos patamares.

O que eu proponho é um futuro onde a inteligência artificial e os vendedores humanos trabalhem juntos de forma sinérgica. A IA pode nos ajudar a elevar o padrão básico, mas o toque humano é insubstituível quando se trata de oferecer uma experiência realmente superior ao cliente. Em última instância, nosso potencial humano deve prevalecer, proporcionando algo que a IA só pode tentar aproximar, mas nunca igualar completamente.

Então, em vez de ver a tecnologia como uma ameaça, vamos enxergá-la como uma aliada que nos ajuda a ser ainda melhores no que fazemos. Juntos, podemos oferecer o melhor dos dois mundos aos nossos clientes.

Referências

IGLESIAS-PRADAS, S.; ACQUILA-NATALE, E. The future of e-commerce: overview and prospects of multichannel and omnichannel retail. *Journal of Theoretical and Applied Electronic Commerce Research*, v. 18, n. 1, p. 656-667, 2023.

MCKINSEY & COMPANY. *2024: O consumidor brasileiro hoje*. Disponível em: https://sentimentodoconsumidor.mckinsey.com. Acesso em: 4 jul. de 2024.

PAPPAS, A. *et al.* More than machines: the role of the future retail salesperson in enhancing the customer experience. *Journal of Retailing*, v. 99, n. 4, p. 518-531, 2023.

TEIXEIRA, T. S.; PIECHOTA, G. *Unlocking the customer value chain*: how decoupling drives consumer disruption. Nova York: Crown Currency, 2019.

TEIXEIRA, A. R. S. *Transição de empresas para uma abordagem omnichannel:* um estudo exploratório de uma empresa de varejo no Brasil. 2017. Dissertação (Mestrado em Administração de Empresas) – Fundação Getulio Vargas, São Paulo, 2017.

09

VENDAS RECORRENTES

Após o desejado *vendi,* como mantemos nosso cliente engajado, satisfeito e fiel? Vamos entender a criação de modelos de recorrência, assinaturas personalizadas e serviços agregados que transformam clientes em fãs e defensores da sua marca! Modelos de *up-sell* e *cross-sell* podem elevar o valor percebido pelos clientes e impulsionar as receitas de forma contínua, 24 horas por dia, 7 dias por semana.

BETO SANTOS

Beto Santos

Cristão, com 53 anos e experiência na liderança de estratégias de expansão, crescimento, transformação digital e novas experiências para empresas e seus consumidores no mundo digitalizado. Teve passagens pela Apple (onde teve a oportunidade de conhecer Steve Jobs), Adobe, GoDaddy, SanDisk, Symantec e, atualmente, gerencia a operação da OneTrust. Tem como grandes objetivos levar nossa região a patamares relevantes de participação nos resultados globais e a consolidação de liderança dessas marcas. Está também à frente de dois projetos: CEP, para ativar nossos sonhos, criatividade e empenho na busca por realizações; e Hangout, mentoria para empreendedores. Junto com o artista Samuel Caixeta, criou o MeuAteliê, espaço onde todos podem explorar seu artista interior, com uma experiência imersiva no mundo da arte.Casado com Ângela, pai de Lucca, Lara e Lanna, tem paixão pelo voluntariado e por viajar pelo mundo com a família, já tendo passado por todos os continentes e 36 países.

Contatos
meuatelie.art
betojs71@gmail.com
LinkedIn: linkedin.com/in/betosantos/
11 98891 5662

Comecei minha jornada em vendas aos 15 anos, motivado pelo desejo de ter uma moto. Meu pai, José Arnaldo, pioneiro no mercado de informática – era assim que chamávamos o mundo de TI na época – disse que eu precisaria conquistar isso por conta própria.

Morando em um condomínio, comecei a oferecer serviços de limpeza de piscinas aos vizinhos, criando serviços *premium* que incluíam produtos de controle de qualidade da água e até lavagem de carros. Após algum tempo, o sonho estava se realizando: a primeira vitória com as vendas recorrentes!

Depois de trabalhar nos negócios da família e me formar em Administração de Empresas no Mackenzie, fui para Londres aprimorar meu inglês e conhecimentos em marketing. Essa experiência se estendeu por quase um ano, durante o qual visitei 26 países (hoje já são quase 40), acumulando histórias e aprendizados valiosos.

Ao voltar ao Brasil, comecei a buscar emprego, e a experiência das viagens ajudou-me a conseguir uma posição em uma empresa trazendo a Apple e produtos relacionados ao país. Logo em seguida, aos 26 anos, a Macromedia (atual Adobe) me abriu as portas para o Vale do Silício. Começaram as viagens para a Califórnia, pois a empresa tinha *headquarters* em San Francisco. Até hoje já foram mais de 100 viagens para o famoso Vale, com muito aprendizado e conhecimento na bagagem.

Nessa mesma época conheci minha esposa Ângela, hoje executiva no ramo da beleza. Estamos juntos há 28 anos e somos pais de Lucca, Lara e Lanna, todos de alguma forma vivenciando o mundo de vendas. Afinal, existem duas carreiras muito importantes no mundo corporativo: a de quem vende e a de quem ajuda a vender.

A carreira avançou me levando à Symantec, onde iniciei minha jornada no mundo de SaaS (software como serviço). Passei também pela Epson, adquirindo experiências valiosas em *trade marketing* e varejo, com viagens pelo Brasil, conhecendo histórias incríveis de empresários locais que criaram impérios com varejos regionais, até então desconhecidos por mim.

Voltei à Apple como diretor comercial. Participei da famosa MacWorld San Francisco em 2007, onde Jobs apresentou o primeiro iPhone. Pude conhecê-lo pessoalmente, recebendo conselhos valiosos sobre mudanças e resiliência. Esse encontro e a participação em um evento tão icônico foram marcos transformadores na minha carreira.

Ingressei na SanDisk para liderar a operação no Brasil e Mercosul. Com campanhas impactantes como "Jogue com emoção", estrelada pelo Lionel Messi, e "Wake up your Phone" com o DJ Tiësto, fortaleci a marca, consolidando a empresa como líder de mercado na região.

Após o sucesso na SanDisk, retornei à Symantec como diretor de vendas e marketing para o Brasil e na sequência América Latina, aprofundando meu conhecimento em vendas recorrentes. Segui para a Adobe, expandindo operações na transição do modelo de vendas perpétua para o modelo de recorrência e a importância do ciclo de vida do cliente. Empreendi com o lançamento do PowerBiz (plataforma *real time* de conversão digital) e ingressei na GoDaddy, uma pós-graduação em vida real de marketing digital, jornada e fidelização do cliente.

Hoje, sou diretor-geral da OneTrust na América Latina, multinacional pioneira na gestão da jornada de confiança das empresas. Junto com o artista Samuel Caixeta, criei o MeuAteliê, um espaço para explorar a criatividade no mundo da arte, despertando o artista que existe em cada um de nós.

Acima de tudo, na vida, aprendi a não ter medo das mudanças e dos desafios:

> "Porque Deus não nos deu o espírito de medo, mas de poder, e de amor, e de moderação."
> (2 Timóteo 1:7)

Vender bem para vender sempre

O sucesso de vendas recorrentes ou em modelos de assinatura hoje é uma realidade, uma vez que está diretamente relacionado à saúde financeira e longevidade das empresas que optam por esse modelo de negócios. Os modelos de assinatura têm transformado a maneira como as empresas vendem seus produtos e serviços. A conveniência e previsibilidade oferecidas têm atraído consumidores, enquanto as empresas desfrutam de fluxos de receita mais estáveis e relações mais duradouras com seus clientes. E relações duradouras com os clientes são a chave do sucesso.

Entender a jornada do cliente, suas motivações e seu comportamento, bem como a dinâmica do mercado, faz parte da estratégia das empresas que atuam com esse modelo de vendas. Esse sucesso não reside apenas na aquisição de novos "assinantes", mas também em retê-los e encantá-los ao longo da sua jornada.

A beleza do modelo da venda recorrente reside na sua capacidade de promover um relacionamento de longo prazo com os clientes, em vez da transação única das vendas tradicionais. Essa mudança de foco, da aquisição de novos clientes para a retenção e manutenção dos existentes, impulsiona a empresa a inovar e otimizar continuamente a qualidade dos seus produtos e serviços, para permanecerem relevantes e se adaptarem mais rapidamente às mudanças nas preferências dos clientes e do mercado.

No mundo da tecnologia, presenciei a mudança dos antigos modelos de venda do software perpétuo – nos quais o cliente comprava uma licença que não vencia, em contrapartida não possuía atualizações – para o modelo de assinatura e venda recorrente. A vantagem para o cliente, além, claro, de uma diminuição drástica no custo de aquisição, era se manter constantemente atualizado nos avanços da tecnologia, tendo sempre a desejada e esperada "última versão" à sua disposição, sem a necessidade de ficar aguardando os famosos upgrades (e, claro, comprá-los).

Vocês podem imaginar o quanto essa mudança teve impacto no nível de satisfação dos clientes? Estar sempre com a última novidade, o "estado da arte" da tecnologia, os diferenciavam dos demais (muitas vezes concorrentes), que ainda estavam com sua licença perpétua, em muitos casos de dois ou três anos de defasagem. Esses clientes passam a ser tornar fiéis usuários e defensores da marca, tudo o que uma empresa deseja. São eles que, além de garantir uma receita constante – que gera previsibilidade e constância no fluxo financeiro –, passam a ser os fãs da sua marca, indicando, fazendo o famoso boca a boca, o melhor marketing do mercado.

Adquirir clientes para esse modelo era um dos nossos grandes desafios. Surgiram então os modelos de OEM (parceria com fabricantes para versão pré-instalada limitada) com fabricantes de computadores, tablets, celulares, impressoras, softwares não concorrentes, provedores de internet e portais de conteúdo, e até, em casos mais criativos, com montadoras de veículos. Essa estratégia criava uma grande base para oferta de assinatura e ativação da recorrência. A vantagem para os parceiros? O conhecido *revenue share*, em que parte da receita futura seria compartilhada. Quem iria se negar a ter uma fonte alternativa de receita? Mais um sucesso da venda recorrente.

Com o cliente já agora na sua base de recorrência, surgem alguns novos desafios no que chamamos de ciclo de vida do cliente. Iniciativas para fazer que o cliente se interesse pelo seu serviço ou produto passam a ser cruciais para a ativação da receita, com o conceito de marketing *in product* (no produto), com informações sobre a importância da solução, riscos de não ativar, ganhos de produtividade, entre outras sugestões que levem à ativação.

Após a ativação, o próximo passo é auxiliar os clientes a integrar o produto ou serviço em sua rotina diária, fornecendo uma solução que traga benefícios significativos e aumente sua satisfação ao utilizá-lo. Aqui entra a importância do serviço de atendimento ao cliente, ativo e reativo, por exemplo, com uma chamada inicial perguntando se o cliente já está usando seu produto, se está satisfeito, mas, principalmente, colocando-se à disposição para ajudá-lo na sua jornada, tornando-se um parceiro do seu cliente.

Ao garantir a satisfação do seu cliente e a tão desejada venda recorrente, temos o desafio e a oportunidade no crescimento do ticket médio (o valor consumido) do cliente com a sua empresa. Nessa fase, temos os famosos *up-sell* e *cross-sell*.

Up-sell é a técnica de incentivar o cliente a comprar uma versão mais cara do produto ou serviço que ele possui. Pode ser um produto com mais recursos, melhor qualidade ou maior quantidade em comparação à opção inicial do cliente. Já o *cross-sell* é a prática de sugerir produtos ou serviços complementares ao que o cliente já está comprando. A ideia é aumentar o valor total da compra ao oferecer itens que podem ser úteis ou relevantes para o produto principal.

Ambas as estratégias são eficazes em aumentar as vendas e o ticket recorrente, melhorar a satisfação e experiência, e constantemente usadas de maneira adequada para proporcionar um valor real aos clientes, fidelizando e levando-os a entender o real valor de nossos produtos e serviços.

Vendendo recorrência

Transformar sua base de clientes transacionais (uma única venda) em clientes recorrentes requer uma transformação no mindset de como a empresa se apresenta ao mercado consumidor. É possível transformar quase qualquer produto ou serviço em um modelo de assinatura, proporcionando valor contínuo para os clientes e gerando receita recorrente para o negócio.

Para que um modelo de assinatura ou recorrência seja bem-sucedido, o produto ou serviço deve atender a uma necessidade contínua ou periódica dos clientes. Perguntas como: "O meu produto ou serviço pode ter uso frequente ou contínuo?", "O meu cliente pode se beneficiar de atualizações ou reabastecimentos regulares?", ou ainda, "Existe alguma conveniência ou exclusividade que posso oferecer regularmente?", podem auxiliar na definição da sua estratégia de recorrência.

Que tal criar uma assinatura de produtos de consumo diário? Transforme em kits de produtos de cuidados pessoais entregues mensalmente, como escovas e pasta de dente, sabonetes e xampus. Ou crie caixas mensais de produtos alimentícios, como café gourmet, lanches saudáveis e os já conhecidos serviços de vinhos selecionados. Apaixonados por meias diferentes como eu? Uma assinatura de meias surpresas enviadas todo mês pode ser um grande benefício para quem está com falta de tempo ou criatividade na escolha.

Na área de serviços e manutenção, recordando o início da minha jornada aos 15 anos, como não pensar em um produto de casa e jardim? Serviços de jardinagem, limpeza ou manutenção domiciliar podem ser oferecidos em pacotes mensais.

Ao colocar em prática seu modelo, não deixe de oferecer um período de teste gratuito ou um desconto inicial para novos assinantes, e crie programas de referência para que os clientes existentes possam ganhar recompensas ao indicar novos assinantes. Para garantir o sucesso, colete feedback regularmente para entender as necessidades e expectativas dos assinantes. Esteja preparado para ajustar e melhorar o serviço com base no feedback recebido, monitorando as taxas de retenção, satisfação do cliente e crescimento das assinaturas para avaliar o sucesso da sua venda recorrente.

A Netflix revolucionou o modo como consumimos entretenimento, oferecendo acesso ilimitado a uma vasta biblioteca de títulos e conteúdos por uma taxa mensal. E você pode pensar que não existe uma oportunidade de se reinventar, com todos os canais e produtores de conteúdo seguindo o mesmo caminho, certo? Errado, esta é a beleza de vendas: podemos sempre criar uma novidade. Quem aqui não assinaria uma plataforma que consolidasse todas as assinaturas em uma só, cobrando apenas o proporcional consumido de cada streaming em um pagamento único mensal? (convide-me para este projeto!)

Durante a pandemia em 2020, quando muitos empresários tiveram que fechar suas portas, o ingresso no mundo digital se fez uma necessidade. Comento sempre que a pandemia acabou se tornando o grande agente transformador da cultura digital que as empresas há muito vinham adiando a colocar em prática nas suas organizações. Na época, eu estava à frente da GoDaddy e lançamos no Brasil a campanha "Mantenha seu comércio aberto", oferecendo gratuitamente por três meses um conjunto de soluções para a criação de sites e marketing digital, permitindo que milhares de negócios pudessem migrar para o digital.

Além de uma ação social incrível para manter essas empresas funcionando durante um período tão difícil na humanidade, pudemos depois criar campanhas para manter esses clientes fiéis, felizes, prósperos e recorrentes.

Tenho muito orgulho dessa iniciativa, demonstrando que o sucesso em vendas recorrentes não apenas fortalece a sustentabilidade financeira das empresas, mas também pode servir como uma força transformadora e solidária em tempos de crise, criando um impacto positivo duradouro na sociedade.

Impossível não se apaixonar por vendas recorrentes!

Referências

BRAND, M. Caso SanDisk: Lionel Messi, Rafa Márquez y Gilberto Silva. *YouTube*, 29 fev. 2016. Disponível em: https://www.youtube.com/watch?v=V3iZnnLvZJs. Acesso em: 4 jul. 2024.

GODADDY. GoDaddy oferece ferramentas gratuitas por três meses. *Techtudo*, 9 abr. 2020. Disponível em: https://www.techtudo.com.br/noticias/2020/04/godaddy-oferece-ferramentas-gratuitas-por-tres-meses.ghtml. Acesso em: 4 jul. 2024.

HOBBS, A. Tiësto + SanDisk: pre-show video. *YouTube*, 28 jul. 2010. Disponível em: https://www.youtube.com/watch?v=oE4IlWrSNjQ. Acesso em: 4 jul. 2024.

10

AMBIDESTRIA EM VENDAS

Imagine um mundo no qual a ambidestria não se trata apenas de uma habilidade física, mas sim de um poderoso conceito transformador para a eficiência nas vendas e na administração. Neste capítulo, desvendaremos os segredos da ambidestria empresarial, na qual equilibrar a arte de vender com a ciência da gestão eficiente se torna a chave para o sucesso nos negócios. Prepare-se para alcançar novos patamares de excelência!

ALAN CONSTÂNCIO DA SILVA

Alan Constâncio da Silva

Amante de esportes, instrutor de paraquedismo, também treinou capoeira, circo e natação por anos. Desde os 13 anos, quando começou a trabalhar, demonstrou sua paixão por tecnologia, montando e vendendo computadores aos mais variados clientes. Conseguiu suas certificações profissionais da Cisco aos 18 anos, autodidata, aprendeu inglês, espanhol e francês. Fala sobre Cloud, transformação digital e projetos complexos, é graduado em Tecnologia de Redes e pós-graduado em Marketing e Inovação. Sua jornada inclui contribuições em empresas renomadas como Mercedes-Benz, Peugeot-Citroën, Capgemini, Nokia Siemens, Avaya, Huawei, Atos e Emeritus. Alan se uniu ao grupo de escritores para aprender e compartilhar experiências, enriquecendo a todos com suas histórias inspiradoras. Agradece a Adriana Salgado, esposa e fotógrafa, e a Beatriz Kopke Constâncio, filha e dentista, por todo o apoio nesta jornada.

Contatos
alanconstancio@gmail.com
LinkedIn: linkedin.com/in/alanconstancio/
11 99579 6265

A necessidade de desfocar da vida familiar e crescer

Em meados de 1990, minha mãe comprou nosso primeiro computador pessoal e eu fui o único em casa que realmente se interessou por ele. Era um PC XT, e aquilo imediatamente mudou minha maneira de olhar o mundo.

Aos 13 anos de idade, depois de nos mudarmos do Espírito Santo para Minas Gerais por causa da recente separação dos meus pais, já muito interessado em tecnologia, eu queria crescer e encontrar uma forma de me sustentar para tomar minhas próprias decisões. Era assim que eu pensava, era assim que via minha mãe, e essa foi minha referência.

Em 1993, já em Minas Gerais, eu ficava olhando a abertura de uma pequena loja de informática na frente da minha casa. Eu ia todos os dias apenas para olhar as poucas coisas da vitrine. Dois meses depois, tomei coragem e me ofereci para trabalhar à dona da loja, Neila, hoje uma grande amiga da vida e primeira mentora. Ela me recebeu absurdamente bem e em poucos segundos já havia feito uma leitura completa de mim. Neila acreditou no que eu queria e conversou com minha mãe para me deixar estar com eles e aprender. Minha mãe, depois de muita insistência, acabou cedendo e eu comecei a aprender a montar, desmontar e diagnosticar problemas em computadores.

Era preciso somente atravessar a rua ao retornar da escola, e lá estava eu no meu ambiente de prazer. A partir daquela experiência eu iria voar nos cinco anos seguintes até minha primeira oportunidade em uma empresa multinacional. Fiz de tudo desde que comecei a trabalhar, tentava ocupar meu tempo fora de casa o máximo que podia, reparava computadores em todo tipo de cliente, desde o jogo do bicho ao fórum municipal de Juiz de Fora; enfim, queria estar sempre fora e não ser o assunto do dia em casa. Emancipei-me e tive meu primeiro celular aos 15 anos, também comprei meu primeiro carro aos 16 anos, aprendi muito naquele período, afinal, algo certo eu estava fazendo e continuava a evoluir. Foi um tempo de muito aprendizado, e minha mãe sempre esteve ali ao meu lado, em meus erros e acertos.

De montador e vendedor de PCs à primeira oportunidade em uma multinacional

Aos 16 anos eu já estava fora de casa, afinal, já acreditava que tinha encontrado meu caminho, pois trabalhava de dia e estudava à noite. Ocupava 100% do meu tempo trabalhando e estudando.

Nessa mesma idade fui convidado a participar de um processo de seleção para uma empresa de São Paulo que queria um técnico residente na nova fábrica de veículos da Mercedes-Benz em Juiz de Fora (MG).

Depois de passar no meu primeiro processo de seleção, eu estava vivendo uma experiência que nunca havia imaginado – não falava inglês ou qualquer outra língua além do português. Nunca havia tido a oportunidade de estudar outras culturas, ou mesmo me relacionar com estrangeiros.

Ao ingressar na Mercedes-Benz, percebi o quão grande o mundo poderia ser e muitas oportunidades com certeza se abririam. Ver aquela fábrica crescer, estar ali envolvido com pessoas de outras nacionalidades e ver tanta gente inteligente e tantos processos que nunca havia imaginado existir, foi minha motivação para aprender mais e mais.

Comecei meus estudos para o ciclo de certificações da Cisco Systems, empresa que descobri dentro da Mercedes-Benz e, ao perceber que aquelas certificações poderiam dar um *boost* na minha carreira, arregacei as mangas e fui pra cima. Sim, eu tinha algo do meu pai e da minha mãe a essa altura – a capacidade de fazer amizades, de conversar com todos independentemente de posição ou origem veio do meu pai; eu já era um vendedor, e a capacidade de trabalhar e saber o que quero para meu futuro veio de minha mãe. Só reconheci isso muitos anos depois.

A Mercedes-Benz foi a abertura de portas para minha vida profissional em grandes empresas, e mesmo trabalhando em uma empresa que apenas prestava serviços para a fábrica da Mercedes-Benz aproveitei a oportunidade para conhecer tudo que podia no período. Assim, fui convidado para trabalhar na construção da operação da Johnson Controls Automotive dentro do complexo da fábrica da Mercedes.

Aceitei a oportunidade, e a partir daquele momento eu era um funcionário real de uma multinacional. Um ano depois, já casado, isso mesmo, casado, casei-me aos 18 anos de idade, estava feliz, e fui indicado por um amigo da Mercedes-Benz para uma oportunidade na fábrica da Peugeot-Citroën no Rio de Janeiro.

Arranhando muito mal o inglês, depois de ter trabalhado com os alemães, aprendi o francês de ouvido muito rápido; sempre tive um bom ouvido, sempre aprendi as coisas apenas observando à minha volta e sabendo absorver o máximo de informações possíveis.

Na Peugeot-Citroën fui gerente de telecomunicações e o responsável pela implantação do CPD, era assim que chamávamos nosso datacenter. Esse CPD recebeu muitas tecnologias avançadas para a época e a primeira instalação de grande porte de SAP no Brasil, em 1999.

Fui descoberto pela CPM, hoje Capgemini (integradora francesa de tecnologia). Cheguei em São Paulo, tornei-me pré-vendas Cisco, fechei dois grandes projetos na indústria, Sadia e Ambev, com conceito de virtualização de desktops e servidores utilizando Citrix, e tocava ainda o projeto de CPEs da Embratel com Cisco. Cresci na CPM, fui promovido três vezes em três anos, e cheguei a gerente de consultoria. Por fim, fui indicado para uma posição em um dos parceiros da empresa nos Estados Unidos, Simdesk Technologies, concorrente da Blackberry para e-mail móvel e com uma proposta de solução de inclusão digital para escolas públicas.

Aos 25, assumi a posição de diretor de vendas e operações da Simdesk Technologies e fechei dois grandes negócios já no primeiro ano, um no Brasil e outro no Paraguai. A partir daí, a jornada seria uma loucura divertida e muito gratificante.

Mentores

Cada mentor que passou pela minha vida, mesmo sem se considerar meu mentor, me ajudou a olhar o futuro com outros olhos, e tenho muita gratidão pelo aprendizado obtido por meio deles. Hoje posso citar com carinho a Neila, da loja de informática; o Paulo Costa, da Peugeot-Citroën; o Vicente Di Cunto, da CPM; a Andrea Mansano, da Vex e Emeritus, amiga e ainda mentora; e o Nelson Campelo, da Nokia Siemens, Avaya e Atos, meu amigo, parceiro e ainda mentor profissional e da vida. Amei cada experiência ao lado deles.

Sou executivo em posições de liderança desde os meus 25 anos graças a eles e à minha vontade de aprender. Trabalhei mais de uma vez com essas pessoas basicamente pela confiança e respeito criados ao longo do tempo. Acredito na ética, no respeito e no poder de aprendizagem; por isso, hoje faço questão de mentorar jovens talentos.

Ambidestria organizacional – como usufruir dessa arma em vendas?

A ambidestria funde dois conceitos cruciais: a exploração e a explotação. A exploração refere-se à melhoria contínua, à otimização das práticas existentes e à extração máxima de valor dos recursos atuais. Por outro lado, a explotação está relacionada com a busca por inovação, experimentação e adaptação em resposta às mudanças do mercado.

A ambidestria surgiu para resolver esse paradoxo. Tushman & O'Reilly (1996, *apud* GARCIA, 2020) definem a ambidestria organizacional como "a habilidade de perseguir simultaneamente inovações e mudanças incrementais e descontínuas. Isso requer possuir dentro da mesma empresa estruturas organizacionais, processos e culturas contraditórias".

Em décadas passadas, muitas empresas se concentravam principalmente em uma abordagem de vendas, priorizando fortemente a eficiência operacional ou a construção de relacionamentos, sem considerar a integração equilibrada das duas. As expectativas dos consumidores e as dinâmicas do mercado eram diferentes, o que resultava em uma ênfase mais limitada na necessidade de equilibrar abordagens distintas. No entanto, com o avanço da tecnologia e a chegada das ferramentas de automação e CRM (*Customer Relationship Management*), as empresas agora têm mais recursos para equilibrar de maneira eficaz a atenção ao cliente e a eficiência operacional.

As empresas muitas vezes se especializavam em uma abordagem específica e, portanto, a ideia de combinar habilidades e estratégias contrastantes não era tão valorizada.

Com a evolução do mercado, a mudança nas expectativas dos consumidores e o avanço da tecnologia, a necessidade de uma abordagem ambidestra se tornou mais evidente para as empresas que buscam se destacar e atender às demandas cada vez mais complexas do mercado atual.

Definição do conceito de ambidestria em vendas

A ambidestria em vendas refere-se à capacidade de equilibrar e integrar efetivamente duas abordagens distintas de vendas: a atenção ao cliente, que é focada no relacionamento e na compreensão das necessidades do cliente, e a eficiência operacional, que é focada em processos e metas de vendas.

Esse conceito busca a habilidade de ser flexível o suficiente para adaptar-se a diferentes situações de venda, combinando habilidades interpessoais com uma abordagem orientada a processos para otimizar o desempenho das vendas.

Importância da ambidestria no contexto atual de vendas

A ambidestria é crucial em virtude da crescente complexidade do ambiente de negócios. Cito a seguir algumas razões para sua importância:

1. **Adaptação às mudanças do mercado**: com a rápida evolução das preferências dos consumidores e das tecnologias, as empresas precisam ser capazes de se adaptar rapidamente. A ambidestria aplicada aos negócios permite a flexibilidade necessária para se ajustar a novas demandas e tendências do mercado.
2. **Equilíbrio entre relacionamento e eficiência**: os clientes valorizam relacionamentos autênticos e personalizados, mas também esperam eficiência e agilidade. A ambidestria permite equilibrar a construção de relacionamentos sólidos com a eficiência operacional.
3. **Competitividade sustentável**: empresas ambidestras têm vantagem competitiva, pois conseguem manter relacionamentos duradouros com os clientes, ao mesmo tempo que implementam processos eficientes que impulsionam o desempenho de vendas.
4. **Resolução de problemas complexos**: a abordagem ambidestra capacita as equipes de vendas a lidar com desafios complexos, pois combinam a compreensão profunda das necessidades do cliente com a capacidade de executar estratégias eficazes.
5. **Inovação contínua**: a ambidestria encoraja a inovação, já que a integração de diferentes abordagens pode levar a soluções criativas e a novas formas de atender às necessidades dos clientes.

Nos primeiros projetos complexos em minha vida de pré-vendas, consultoria e vendas, eu já utilizava a ambidestria como fundamento do meu dia a dia, mesmo sem ter o conceito expressamente claro.

Consegui conciliar o projeto de CPEs da Embratel, que se tratava de um modelo de serviço e suporte para produtos Cisco em mais de mil clientes da operadora, com mais de 20 mil CPEs entregues e suportados. Esse era um projeto de receita recorrente da CPM, à época em constante evolução, e dividia minha atenção entre venda e entrega dos projetos de virtualização de ambientes da Sadia e da Ambev. Ainda em 2003, quando a virtualização de servidores e desktops era apenas uma uma ideia em discussão no Brasil, precisei usar diferentes abordagens e conseguir conciliar os ciclos de desenvolvimento de cada projeto sem deixar de lado a inovação. As abordagens listadas a seguir foram essenciais na minha primeira experiência ambidestra:

Abordagem orientada ao cliente

- Desenvolvimento de habilidades interpessoais.
- Construção de relacionamentos duradouros com os clientes.
- Compreensão das necessidades e dos desejos do cliente.

Eficiência operacional

- Implementação de processos eficientes de vendas.
- Utilização de ferramentas e tecnologias de vendas.
- Estabelecimento de metas e métricas de desempenho.

Equilíbrio

- Estratégias para equilibrar a atenção ao cliente e a eficiência operacional.
- Atenção no negócio corrente, não deixando nosso ganha-pão escorregar enquanto estava implementando inovação em outras frentes.

Espero, com carinho, que este capítulo seja parte importante em seu dia a dia a partir daqui. Tenho certeza de que a melhor aplicação do conceito de ambidestria em seus negócios fará a diferença que faltava entre inovar e seguir o jogo dinâmico de vendas.

Referência

GARCIA, F. *Introdução à sociologia*. São Paulo: Editora Acadêmica, 2020.

11

O VENDEDOR QUE O MUNDO PÓS-DIGITAL PRECISA

Em um mundo volátil, frágil, ansioso, não linear, incompreensível, incerto, complexo e ambíguo, precisamos da emergência de vendedores empoderados, não submissos a um sistema que parece desumanizador. Aqui, vamos explorar como o conhecimento moldou nossa espécie, criando tudo o que você conhece – inclusive os vendedores mais poderosos – e como estabelecer relações comerciais mais inventivas.

ANNA FLÁVIA RIBEIRO

Anna Flávia Ribeiro

Filósofa, professora, hoje *head* comercial de algumas empresas e start-ups, palestrante e moderadora de temas contemporâneos, pesquisadora do Instituto Inutech nas áreas de criatividade humana, inovação e tendências em web 3.0 e IA, com centenas de milhões de dólares em vendas *cyber*, digital, *cloud*, marketing, *outsourcing* e consultoria. Como professora e consultora, Anna Flávia ensina pessoas e corporações a praticarem a polimatia - capacidade de aprendizado simultâneo como modelo de pensamento e ação. Como gestora, ela lidera e apoia equipes com indivíduos altamente qualificados, que têm que alcançar metas desafiadoras.

Contatos
annaflavia.com.br
contato@annaflaviaribeiro.com.br
Instagram: @annaflavia.polimata
LinkedIn: linkedin.com/in/annaflaviaribeiro2008/

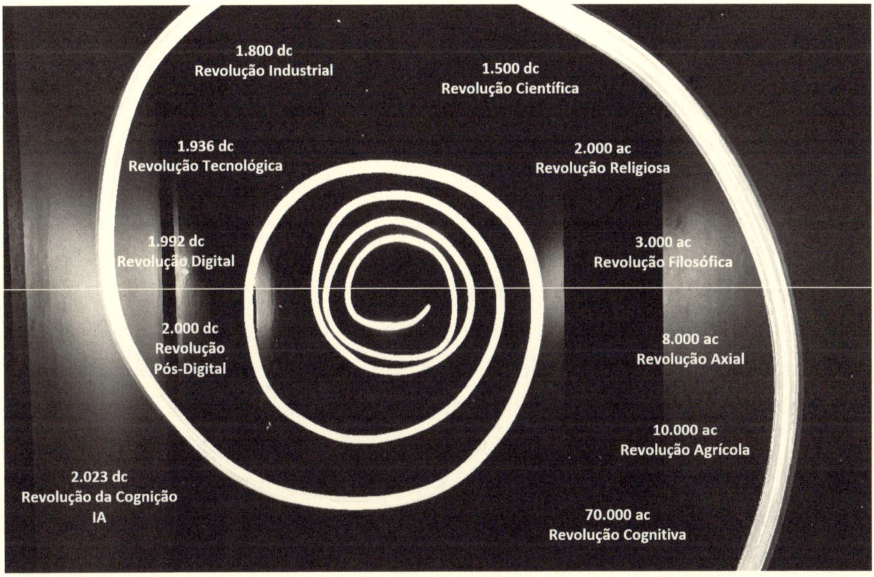

Há cem mil anos, um pequeno grupo de primatas desenvolveu um cérebro diferente do das demais espécies, com a capacidade de se moldar aos estímulos do ambiente. Junto a isso, essa espécie ganhou outra capacidade preciosa para o grupo: o uso da linguagem. Articulando o sistema de sons e sinais de mão e corpo para nomear coisas e atos, esses macaquinhos criaram uma formidável máquina de colaboração – que, além de ensinada, podia ser ampliada. Foram essas as bases biológicas da construção e da transmissão do conhecimento e da cultura de nossa espécie, o *sapiens*.

Todo ser humano então transformou-se em um ser potencialmente capaz de aprender várias coisas simultaneamente – é da nossa natureza biológica e cultural dar conta de exercer suavemente múltiplas habilidades de troca com o que está ao nosso redor.

A criatividade já era exercitada por nossos tataravôs há mais de 70 mil anos como uma estratégia para localização e resolução de problemas. Fomos capazes de arrumar recursos para ter proteína duas vezes na semana, queimar campinas para escapar das feras, domar um lobo, entender a correlação entre as estrelas e a época do ano. Construímos e vivenciamos uma jornada básica de matemática, gramática, biologia, nutrição, química e física. Isso foi obra de uma espécie maravilhosa.

Mercadores de emoções e alma

Tão antiga e ancestral quanto a criatividade e a arte de colaborar é a necessidade de trocar. Sabemos que chimpanzés podem comerciar – eles trocam artigos como frutas por favores sociais. Mas elevamos isso a outro patamar.

Os primeiros vendedores eram mascates, nômades, transitando pelas mais diferentes culturas. Imagine a complexidade de tratar com pessoas com idiomas diferentes, entendimentos e visões de mundo completamente distintas, em uma era com pouquíssimas redes de comunicação e onde um erro não era só uma venda perdida: era uma cabeça talvez sendo cortada.

Os vendedores antigos tinham que ter não somente uma enorme astúcia, mas também uma capacidade de logística infernal, resiliência extrema e, mais do que tudo, uma tremenda sensibilidade de entender as diferenças culturais que os separavam – para então conseguir construir os laços e pontes que permitiam a confiança que gerasse a troca em um ambiente instável. As armas usadas eram às vezes literais; era a capacidade de saber como o outro pensa, suas necessidades e interesses e a harmonização disso que funcionava a longo prazo. Vender era não somente saber negociar, impor e recuar, mas ser poliglota, embaixador, guerreiro, diplomata e político.

Vendedor do presente

A partir da Revolução Industrial, começamos a desprezar essas habilidades e a focar no processo e não a quem o produto serviria; queríamos aprender para replicar e vender algo feito em série. Conhecer muito o cliente e seu ambiente foi desviado para o marketing. O vendedor passou a ser visto então como perna de proposta, atendendo a personas prefixadas, sem quase nenhuma contribuição ao processo.

Com essa obsessão pela reprodutibilidade, houve um tempo em que paramos de olhar o todo e fomos nos apequenando, especialistas em um pedaço só. Alguns perderam o que faz a alma de um vendedor – que é desenvolver uma profunda sabedoria advinda de conhecer a cultura e o mundo do outros. E o que aconteceu com a criatividade? Se ela é, depois de tudo, o resultado novo e útil de uma combinação de elementos totalmente disparatados (e não tínhamos mais essa visão...), ficamos caretas e seguidores de fórmulas. É míope a visão de que basta seguir um modelo de passos *xyz* para a venda acontecer. Há muitas variáveis que o processo não cobre. E o renascimento da venda consultiva prova isso.

Ao migrar para a área comercial de grandes consultorias de TI na década de 1990, constatei como a venda consultiva carecia de gente que se interessasse mais por aprender o universo particular de cada cliente do que replicar fórmulas. Em um ambiente onde o altíssimo nível de customização de soluções é mandatório, cada peça de conhecimento passou a ser fundamental.

Gerenciando equipes, redescobri as raízes para algo que hoje se tornou mais do que desejável, e sim mandatório: incentivar no vendedor o desenvolvimento de suas *power skills*, essa mistura de uns 30% de *hard skills* (ou habilidades técnicas) com 70% de *soft skills*. Aprofundaremos isso adiante.

Recuperar esse espírito nas minhas equipes, esmagado pelo imperativo da hiperespecialização, não foi somente uma necessidade de sobrevivência dos negócios em tempos de mudança e inovação; foi um caminho para obter mais prazer e felicidade profissional. Abrir a mente é abrir caminhos. Incentivei os times a aprenderem psicologia social, antropologia e neurociência, em paralelo ao estudo de tecnologias de ponta. Debatemos com clientes sobre sua cultura enquanto negociávamos *outsourcings* gigantes. Houve momentos em que algumas equipes conseguiam inovar naturalmente, por estarem habituadas a essa mobilidade de pensamento.

Confrontando essa afirmação com o mundo plural do trabalho hoje, posso afirmar que esse múltiplo olhar, além de nos tornar pessoas mais interessantes, é peça indispensável para inovar. Psiquicamente falando, entendo que o vendedor consultivo pós-digital deve incorporar certas premissas que o habilitam a iniciar essa jornada: persistência, resiliência e fé em si e no grupo.

O futuro: *power skills* aplicadas a vendas

A inteligência humana é uma navalha a ser afiada sempre. Pode ter seus limites biológicos, contudo vale lembrar que ela é linear e multifacetada. Crescemos passo a passo em várias áreas ao mesmo tempo quando nos dedicamos. Porém, precisamos escapar do costume de associar inteligência a esse acúmulo de conhecimento técnico, as chamadas *hard skills*.

É possível sustentar que a gestão emocional é um dos pilares do crescimento do indivíduo resiliente e que coopera – e do vendedor consultivo. Estudando gerenciamento de emoções, me dei conta de que é perfeitamente possível lidar com esse bolo muitas vezes confuso que nos habita; aprendi que as emoções são o que nos levam a tomar a maior parte das decisões – quando não todas.

Nas empresas, esse grupo de habilidades geridas é chamado de *soft skills* ou "habilidades que envolvem o nosso comportamento e a maneira como nos relacionamos com os outros", segundo Dafna Blaschkauer (2022, p. 12). Gosto dessa definição porque é simples e objetiva, valorizando as emoções como um campo de estudo objetivo e útil para o crescimento pessoal e profissional.

Power skills, então, são compreendidas como essa mistura de conhecimentos técnicos e sociocomportamentais. É como uma moeda com as faces de cara e coroa, tão complementares como yin-yang.

A importância do desenvolvimento das *power skills* para um profissional de vendas está longe de ter sido compreendida em toda a sua extensão. Porém, de início basta se dar conta da inverdade que é a tradição do vendedor herói e solitário, aquele que sozinho levanta o mundo.

Para começo de conversa, ninguém faz mais nada sem os outros. É literalmente impossível viver em nossos dias sem estar servindo e sendo servido por um trabalho coletivo de bilhões de outras pessoas.

Esse modelo de cooperação brutal pede um grupo de conhecimentos necessários para a solução de problemas que torna virtualmente impossível que um único indivíduo aporte tudo. E organizar esse trabalho coletivo, prover as narrativas que levem bilhões a se ajustarem, não se dá por outro canal que não seja o compartilhamento de desejos, sonhos e vontades.

Não é à toa que empresas perseguem essas metas de treinamento e desenvolvimento para seus quadros. Acelerações tecnológicas intensas combinadas com a necessidade de colaboração em ambientes cada vez mais complexos – os famosos ecossistemas – pedem profissionais pós-digitais que consigam lidar com o fato de que sozinho ninguém faz nada; que os resultados (inclusive os de vendas) são dependentes de uma imensa cadeia mais ou menos organizada de seres humanos, que pulsa e muda de configuração muito rápido, sendo a comunicação essencial no processo. Habilidades técnicas, claro, são essenciais. Elas nunca são inúteis e mesmo quando desfasadas são o pilar de processos contínuos de aprendizagem. Seu processo de absorção tende a ser mais fácil, pois produtos, métodos e processos costumam ser menos fluidos e mais repetíveis, além de serem um meio e não um fim.

As habilidades socioemocionais são outro campo. Somente com muita prática, tendo o material emocional humano como base e fim, é que se evolui. Isso não se obtém em quatro anos de ensino superior, pois trata-se de um projeto contínuo, formatado desde cedo, modelado pela sistematização do contato humano em rodas sociais diversas.

Ainda que seja melhor tratar do tema desde a primeira infância – pois o cérebro humano é plástico e especialmente permeável quando somos pequenos – habilidades socioemocionais são passíveis de retrabalho e incremento constantes. A gestão disciplinada de nossas emoções, o autoconhecimento e a reflexão são uma constante e ganhamos novos aprendizados o tempo todo.

A falta de habilidades socioemocionais, desprezadas durante gerações por um sistema de ensino focado somente em habilidades técnicas, tornou-se um problema corporativo: um estudo de 2023 realizado pela consultoria de recrutamento Page Personnel, revela que 90% das promoções e demissões nas empresas hoje acontecem em razão das *power skills*. E, de acordo com uma pesquisa da Harvard University, Carnegie Foundation e Centro de Pesquisas de Stanford, 85% do sucesso dos profissionais é resultado do desenvolvimento das *power skills*, em especial para as *soft skills*, e apenas 15% são provenientes exclusivamente de conhecimentos técnicos.

Mais do que nunca, o vendedor consultivo está pronto para abandonar a solitária luta do "eu sozinho". Seja compondo, alavancando e liderando o grupo, seja abraçando a diversidade de pessoas, conhecimentos e visões como fator de fricção que produz ideias; duas ideias opostas dialogando e se ajustando na mente, todo o tempo.

Se conselho fosse bom, eu vendia (mas vão alguns aqui)

Resumindo e embaralhando, é possível ter em sua vida o conhecimento e o autoconhecimento como chaves para vendas consultivas de sucesso:

- Com base no pensamento de Araki (2015): abrace sua especialização; ela é essencial para lastrear sua segurança.
- Conhecer pessoas é pouco. Ter conhecimentos compartilháveis com os outros faz de você uma pessoa interessante, doadora, que terá muito mais facilidade na construção de pontes sólidas.
- Também de Araki (2015): escolha seus temas de interesse sem medo. Lembre-se de que você não precisa ser um mestre em tudo, mas vai precisar conhecer muito do que escolher.

- Fomente, em você e em sua equipe, a confiança, o enfrentamento humilde, a transdisciplinaridade e a criatividade. Você pode criar um baita modelo de organização, capaz de responder ao VUCA (volatilidade, incerteza, complexidade e ambiguidade) e darwinianamente adaptado a esses tempos loucos e maravilhosos que vivemos.
- As experiências, vivências e aprendizagens são o pilar de quem está liderando por conhecimento. Observe quem o(a) cerca. O ego conta muito pouco quando a base da equipe é o conhecimento.
- As ideologias nunca substituem o conhecimento verdadeiro. Elas são ideias simples – disfarçadas de ciência ou filosofia – que pretendem evitar a complexidade do mundo. Raramente são boas conselheiras.
- Segure o tranco da dificuldade mantendo a cabeça levantada e a espinha reta. Seu corpo manda sinais ao mundo o tempo todo e eles são continuamente interpretados e motivadores de ações de resposta. Não separemos jamais cultura da biologia: isso é uma estupidez sem precedência. A cultura é parte daquilo que chamamos de evolução seletiva. A cultura nada mais é que uma ferramenta da seleção natural.
- Você talvez tenha um talento enorme em outra coisa que não seja o que os outros veem e que às vezes se esforça até esfolar para entregar. Pensamento crítico passa também por entender seus limites; metas audaciosas devem ser realizáveis.

E por último: nessa vida, só quem tem um **porquê** aguenta quase todo **como**. Ache o seu.

Referências

ARAKI, M.; COTELLESSA, A. J. Creative polymathy and the COVID-19 crisis. *Frontiers in Psychology*, n. 11, 2020.

ARAKI, M. *Polymathy as a driver of innovation*: implications for management and behavioral sciences. University of Louisville, 2024.

ARAKI, M. *Polymathic leadership*: theoretical foundation and construct development. 2015. Dissertação (Mestrado em Administração de Empresas) – Departamento de Administração, Pontifícia Universidade Católica do Rio de Janeiro, Rio de Janeiro, 2015.

BLASCHKAUER, D. *Power skills:* as habilidades-chave para destravar seu potencial máximo. São Paulo: Gente, 2022.

ELER, G. Macacos indonésios roubam objetos de valor e trocam por comida. *Superinteressante*. Disponível em: https://super.abril.com.br/ciencia/macacos-indonesios-roubam-objetos-de-valor-e-trocam-por-comida. Acesso em: 26 jul. 2024.

12

COMO LANÇAR PRODUTOS E SOLUÇÕES QUE SE TORNEM SUCESSO DE VENDAS

Lançar um produto em um mercado que já possui um líder estabelecido requer um trabalho resiliente, incansável e apaixonado de convencimento das pessoas de que sua opção é viável e merece a atenção delas. Este capítulo fala sobre caminhos percorridos, experiências e estratégias aprendidas em diversos lançamentos de produtos que realizei, e continuo realizando, ao longo de minha vida profissional.

ARLINDO SILVA

Arlindo Silva

É engenheiro de sistemas de computação, com diversos cursos de especialização na área de vendas e mais de 30 anos de experiência. Aproveitando as oportunidades que o mercado lhe deu, focou em soluções de infraestrutura de redes, com passagens por venda de software corporativo e infraestrutura de data center. Já foi colaborador individual e gestor de grandes times de vendas; a paixão por compartilhar sua experiência e poder contribuir para o crescimento das pessoas à sua volta é o que o motiva a continuar, lembrando sempre que "todo dia é dia de aprender uma coisa nova!".

Contatos
absilvajr@outlook.com
LinkedIn: linkedin.com/in/arlindosilvajr/

De um sonho de criança à realização profissional: a paixão por carros

Uma das lembranças mais antigas do meu tempo de criança era estar em almoços com meus pais e irmã e com meus tios e tias – bem mais velhos que eu, sentavam-se no chão para brincar de carrinho comigo. Perto da minha casa, ficava o Parque Guinle (RJ), meu primeiro local de convívio com diversas crianças de idades próximas à minha. Foi lá que surgiu meu segundo carro: um carrinho de rolimã com o qual me divertia descendo a ladeira do parque. Tive muitos arranhões e escoriações, mas nada muito sério. Ao relembrar esse fato, vejo que Deus realmente protege as crianças. Outra recordação são as corridas de Fórmula 1 a que assistia na TV. Eu vibrava toda vez que via o campeão passando sob a bandeira quadriculada.

Computadores? Parece legal!

Já adolescente, pensando no vestibular, a ideia de me tornar engenheiro mecânico parecia natural, dada a atração por carros desde a infância. No entanto, o livro *Eu, robô,* de Isaac Asimov, abriu minha mente para um futuro repleto de tecnologias e chamou minha atenção para um novo aliado que estava entrando no mercado brasileiro: o computador.[1] Por sorte, quando fui fazer Engenharia na UERJ, precisei definir minha especialização somente no quarto ano. Assim, tive três anos de graduação para decidir em qual carreira eu iria completar meu curso. Acabei optando por Engenharia de Computação.

1 No final dos anos 1970, o governo brasileiro instituiu a reserva de mercado da informática, qualificando quatro empresas para a fabricação de computadores de médio porte, sendo uma estatal (Cobra) – que, a propósito, foi meu primeiro emprego de carteira assinada – e as restantes da iniciativa privada (Labo, SID, Edisa). Houve uma quinta empresa (Sisco) que, por meio de medida judicial, conseguiu ser incluída entre as fabricantes nacionais.

Os primeiros anos como técnico

Comecei minha vida profissional em pré-vendas de computadores. Ajudava os vendedores, muitos deles com 10, 20 anos a mais que eu, a convencer os clientes a comprar. Achava que não tinha a eloquência necessária para vender e ficar na retaguarda colocava-me em uma posição de conforto.

Apesar disso, sentia que estava faltando algo para me deixar realmente feliz com o trabalho e, por isso, trocava de empresa a cada um ou dois anos. Depois de ter passado por diversas empresas, fui contratado para trabalhar em uma empresa nacional de redes locais, mais uma vez no setor de pré-vendas. Era uma start-up (termo que não existia na época), onde todos os funcionários (inclusive eu) tinham menos de 30 anos, muitos deles vindos dos cursos de Engenharia da UERJ, UFRJ e PUC-Rio. Naquele grupo homogêneo, decidi me arriscar na área comercial. Como redes locais eram uma novidade experimentada apenas por grandes empresas, meus primeiros clientes foram a Petrobras e a Marinha do Brasil – uma boa forma de começar.

#Boravender

Trabalhar em vendas foi um passo importante em minha carreira. Sentia que ajudava os clientes em suas tomadas de decisão. Minhas primeiras apresentações para grupos de 30 a 50 pessoas não foram boas. Contudo, o ponto de virada aconteceu quando comecei a fazer cursos específicos de oratória, nos quais pude conhecer e aplicar técnicas de como falar e me comportar em público.

Muitos anos depois, fui trabalhar em uma empresa multinacional, onde passei de vendedor a diretor de vendas do Brasil, Argentina, Paraguai e Uruguai em pouco mais de cinco anos. Voltei para a área de redes pelas mãos de outra multinacional, onde tive a oportunidade de assumir os cargos de diretor de SMB & Distribuição e de diretor de Canais. Passados mais alguns anos, ingressei em outra multinacional, onde trabalhei em diversas áreas de vendas de networking, servidores, *storage* e *cloud*.

Exercendo a escuta ativa

Em minha carreira de vendas, sempre procuro conhecer a fundo o que estou vendendo. E como o mercado de TI vive em constante evolução, corro atrás de pesquisas, documentações, treinamentos e, sobretudo, de muitas conversas com o time de pré-vendas, para que possam responder às minhas dúvidas, afinal, meus clientes podem ter as mesmas dúvidas que eu.

Certa vez, participando de uma convenção de vendas, aprendi uma máxima: "Você tem duas orelhas e uma boca, use-as proporcionalmente". O primeiro passo é escutar (requer mais que ouvir) o *prospect*. E só depois que ele expõe suas necessidades, teço meus comentários. É aí que entra o segundo passo: ser sincero. Todo vendedor deve transmitir sinceridade em suas argumentações, ajudar o *prospect* a tomar uma decisão que não o faça se arrepender depois e que não se sinta enganado por você. Se vejo que a solução não encaixa, simplesmente digo que ela não atende àquelas necessidades.

Cruzando o país

Faço *roadshows* por todo o Brasil. Sigo a rota do PIB, iniciando pelas capitais do Sul e do Sudeste e, depois, percorro as principais capitais do Nordeste, Norte e Centro-Oeste. Como me oriento pelo PIB, o resultado vai acontecendo de forma mais rápida, pois enquanto as primeiras apresentações vão gerando vendas, as mais recentes começam a dar seus primeiros frutos. Não importa se estou falando para 10, 50 ou 100 pessoas: o entusiasmo é sempre o mesmo.

Nenhuma apresentação é exatamente igual à anterior. Vou colhendo feedback durante e depois delas. O que acho relevante, mas percebo que não ajuda, sai da apresentação e novas informações entram, num balé quase que infinito. Em todas as apresentações que faço, deixo meus contatos e vibro quando alguém me liga, me manda uma mensagem ou um e-mail, como "Sou da cidade X e assisti a sua apresentação. Fiquei com algumas dúvidas. Podemos falar?" ou "Acho que você não se lembra de mim, mas assisti a uma apresentação sua e gostaria de comprar. Como é que eu faço?".

Fixando a mensagem

Todos esses contatos e seus respectivos e-mails vão para o meu banco de dados pessoal. Demora a montar, mas vale a pena. Ao longo do tempo, você cria uma boa lista de contatos. Ter uma comunicação frequente com essa base (pelo menos três vezes por mês) ajuda a manter o engajamento e a ser lembrado. Na época da pandemia de covid-19, quando faltaram produtos para entregar, passei a enviar semanalmente para a minha base de dados o pouco de produtos que ainda havia no estoque dos distribuidores. Depois que a situação de entrega se normalizou e voltamos a ter eventos presenciais, várias pessoas vieram me cumprimentar, dizendo que ficavam ansiosas aguardando meu e-mail com os estoques.

Já lancei diversos produtos ao longo de minha carreira; alguns com muito sucesso e outros que foram um completo fracasso. Meu último lançamento de sucesso, que compartilho aqui com você, foi o de uma família de Access Points, o conhecido WiFi, um produto desenvolvido especificamente para pequenas e médias empresas (PME). Tal mercado já tinha um líder reconhecido no Brasil, e eu era o desafiante, sem presença nesse mercado. Essa família de produtos começou pequena, porém o investimento no desenvolvimento da solução foi e é bastante grande e, hoje, é um dos focos da companhia em que trabalho. Rapidamente dobramos a oferta de produtos e subdividimos a linha em uma linha de entrada, mais orientada a preços, e uma linha *premium*, mais voltada à tecnologia. Anos antes, eu tinha feito o lançamento de um produto semelhante que, mesmo com muito esforço e determinação, não emplacou. Depois de um tempo, vendeu muito aquém do que a companhia previu e foi retirado de linha.

Nesse novo lançamento, com toda a bagagem do que deu certo e do que não deu no lançamento anterior, um investimento por parte da companhia muito maior em equipe de desenvolvimento de hardware e software, mais investimento de marketing e um produto tecnicamente melhor, arregacei as mangas e parti para a briga com o líder de mercado.

Redes sociais

Tudo começa por elas. Como vendo soluções para o mundo corporativo, concentro-me no LinkedIn. Uso material de MKT, que o gera de uma forma consistente e proativa, dando meu toque pessoal, exaltando o que identifico como os pontos que mais chamaram atenção nas palestras. Utilizo casos de sucesso em verticais, como varejo (lojas, farmácias, supermercados etc.), hotéis, hospitais e estabelecimentos de ensino (escolas, universidades); um deles certamente será o do meu *prospect*. E, para complementar, mantenho uma comunicação frequente, pois ela ajuda a engajar e fixar a imagem do produto. Afinal, quem não é visto não é lembrado.

Capacitação e recrutamento de canais

Como trabalho em vendas indiretas, por meio de distribuidores que chegam aos revendedores, começo engajando os distribuidores a montar webinars e palestras com suas revendas. Faço, pelo menos, 50 eventos só no primeiro ano de lançamento, totalizando centenas de possibilidades de conhecer futuros parceiros ao longo dos próximos anos.

Na primeira palestra, conheci um canal de nome Network Consult, na pessoa de seu proprietário, Isac Sartori. Considero Isac o que Gladwell (2009, p. 190) chama de inovador, uma espécie de aventureiro que ousa experimentar novidades. Isac trabalhava com meu principal concorrente e decidiu investigar um pouco mais o que eu estava apresentando. Desconfiado no início, aos poucos foi colocando nosso produto em alguns clientes. Ao mesmo tempo, o produto ficava melhor a cada nova versão (lançamos em média quatro novas versões de software todo ano). Isac foi decisivo com suas sugestões de melhoria para o produto; também nos auxiliou bastante dando sua opinião sobre novos produtos que queríamos lançar. Sua ajuda foi fundamental para o sucesso dessa família de produtos. Ele é, de fato, um especialista em nossas soluções. Agradeço-lhe por todo o suporte que vem me dando.

Demonstrações/provas de conceito

A venda de produtos a preços especiais para revendedores é uma estratégia que não pode faltar. Ninguém vai fazer um investimento a preço cheio para testar sua solução. Também não recomendo dar o produto, uma vez que venho percebendo que, se for gratuito, colocam em algum armário e se esquecem. Precisa ter um custo, ainda que simbólico, para que, depois de no mínimo seis meses, tenham a opção de vender para quem eles quiserem. Certamente vão querer recuperar o investimento, mesmo que pequeno.

Geração de demanda

Como próximo passo, precisamos convencer os usuários finais dos revendedores, a chamada geração de demanda. Sempre em minhas interações com os revendedores, ofereço-me para apresentar a solução para seus clientes. Não importa quantas pessoas estejam participando, dou sempre meu máximo, ofereço demonstração, mostro casos de sucesso do mesmo ramo do cliente em potencial, faço o possível para engajar os clientes finais. Com base nessas interações, classifico os clientes em três categorias: os abertos – que buscam uma solução inovadora ou estão descontentes com seu fornecedor atual; os indecisos – que estão razoavelmente satisfeitos com sua solução atual; não querem mudar de fornecedor em princípio, mas aceitam novidades; e os fechados – que são ferrenhos defensores de sua solução atual. Estes últimos, por mais que eu mostre as qualidades da solução que estou apresentando, minimizam, dizendo que tais pontos não são relevantes. Concentro meus esforços nos dois primeiros tipos e não gasto energia com o terceiro. Meu tempo é valioso demais. Então, agradeço a atenção dada e saio em busca de clientes abertos e indecisos.

Incentivos

Incentivar os vendedores dos revendedores a oferecerem seu produto e não o produto de seu concorrente faz parte do negócio. Campanhas de seis meses com prêmios generosos (por exemplo, viagem com acompanhante, para que se tenha um aliado/aliada) para os três primeiros lugares, prêmios menores para mais vendedores e SPIFFs (pagamento em dinheiro por cada unidade vendida) são algumas das táticas que costumo usar.

Missão cumprida

Por fim, tenha uma fé inabalável e acredite que você pode ser o agente da mudança. Seu entusiasmo, conhecimento e resiliência podem transformar radicalmente a opinião das pessoas. Você só precisa dar o estímulo certo!

Agradecimentos

Gostaria de agradecer à minha esposa, Adriane, e a meus filhos, André e Augusto, por me suportarem em toda a minha carreira, especialmente no período em que fui transferido para São Paulo e só os via nos fins de semana durante um bom tempo.

Não poderia deixar de agradecer, também, ao que considero os Top 4 de melhores gestores que tive: a começar por David Miller, da Attachmate; Adriano Gaudencio, da 3Com e HP; Fatima Morganti, da HP; e Mauricio De Hoyos, da HPE; todos me ajudaram a ser o profissional que sou hoje.

Referência

GLADWELL, M. *O ponto da virada:* como pequenas coisas podem fazer uma grande diferença. Trad. de Talita M. Rodrigues. Rio de Janeiro: Sextante, 2009.

13

EM VENDAS CONSULTIVAS, ESQUEÇA O "TALENTO"

Para brilhar em vendas consultivas, esqueça o "talento" e entenda que os grandes campeões de vendas têm uma combinação bastante poderosa de muito estudo, preparação, prática e, principalmente, muita humildade para enxergar que há sempre espaço para se aprimorar naquilo que já sabemos. Ao ler este capítulo, esteja o tempo todo com a cabeça aberta para capturar alguns *insights* provocativos!

JOSÉ RICARDO NORONHA

José Ricardo Noronha

Simplesmente "Zé Vendedor", natural de São João da Boa Vista, deixou sua cidade natal com sonhos grandiosos, incluindo o de ser presidente de empresa. Iniciou sua carreira como office boy e, após a falência da construtora onde trabalhava, começou na área de vendas. Cometeu erros típicos de novatos, mas, ao lado de sua esposa, Evelise, superou desafios e prosperou. Tornou-se diretor-geral de uma empresa global de educação. Atualmente, atua como vendedor, palestrante e professor renomado, enfatizando que seu sucesso foi forjado por estudo, prática, preparação e humildade. É movido por um propósito: ajudar, servir e inspirar pessoas e empresas para que elas possam vender mais, melhor e com muito mais paixão por vendas.

Contatos
paixaoporvendas.com.br
Instagram: @josericardonoronha
LinkedIn: linkedin.com/in/josericardonoronha/
YouTube: youtube.com/paixaoporvendas

José Ricardo Noronha

Permita-me que eu me apresente: muito prazer, sou o Zé Ricardo. Um caipira de São João da Boa Vista, interior de São Paulo, de onde saí com 17 anos carregado de grandiosos sonhos, entre eles o de ser presidente de empresa.

Portanto, já de forma bastante objetiva e verdadeira, preciso lhe dizer que, lá minha adolescência e no início da vida adulta, nunca imaginei que viraria vendedor. Ao contrário, eu via – como muita gente ainda vê – a área comercial com muito preconceito.

Comecei a carreira como office boy no centro de São Paulo, em uma construtora de médio porte. Lá fiquei até os meus 26 anos, quando a empresa quebrou e eu quebrei junto com ela.

Aos 26 anos, eu iniciava meio que a contragosto e sem nunca ter vendido absolutamente nada na vida, diga-se de passagem, a minha carreira em vendas como representante comercial em uma salinha para lá de modesta na Rua Barão de Itapetininga, que fica no centro de São Paulo.

O início foi realmente difícil, pois cometi todos os erros que hoje, como professor, ajudo milhões de profissionais e líderes de vendas a evitar: falava muito, ouvia pouco, fazia poucas perguntas, pouco me preparava, não registrava todas as atividades, não "desafiava" os clientes e "atirava" para todos os lados, entre outras tantas "mancadas" que muitos de nós, profissionais de vendas, cometemos em nossas jornadas. A propósito, isso tudo lhe soa familiar?

Foram tempos muito desafiadores ao lado da minha esposa Evelise.

Aprendemos muito com os tempos difíceis e prosperamos juntos. Da salinha da Barão de Itapetininga como representante comercial até virar diretor-geral da operação brasileira de uma superempresa global de educação e depois um professor aclamado no Brasil todo, foi uma jornada recheada de muito trabalho, resiliência, humildade e muito estudo.

E veja que aqui fica ainda mais claro o que eu te disse logo no início deste capítulo: esqueça o "talento"!

Minha jornada, como a de outros tantos profissionais que hoje têm algum sucesso, é principalmente forjada por uma combinação poderosa de estudo, prática, preparação e muita humildade.

A esta altura do campeonato, eu imagino que você esteja aí pensando: "Parabéns pela linda história, mas, na prática, quais são verdadeiramente os principais traços, competências e habilidades dos grandes campeões de vendas consultivas?".

Ainda que a lista seja bastante extensa e merecedora até de um livro todo, vou me atrever a compartilhar com você duas supercompetências que tenho certeza lhe serão de enorme valia.

Entenda antes de atender

Em vendas consultivas, antes de falar sobre você, sua empresa e sobre os produtos e serviços que vende aí em sua empresa, busque entender de verdade quais são as reais necessidades, desejos e desafios de cada um dos seus clientes.

Faça isso com amplo domínio das perguntas abertas, que são aquelas que não podem ser respondidas com um simples "sim" ou "não".

Uma dica de leitura muito bacana para quem precisa incrementar suas habilidades de liderar o processo de vendas com perguntas é o excelente *SPIN selling* – alcançando a excelência em vendas, do mestre Neil Rackham (2023) [S de situação, P de problema, I de implicação e N de necessidade de solução], pois, como sempre digo, "vende mais quem pergunta melhor".

Desafie seus clientes

Você tem "desafiado" seus clientes?

Peço que, por favor, preste redobrada atenção ao que eu acabei de lhe dizer, pois se você não tem feito isso, seus concorrentes podem estar fazendo em seu lugar!

Se há uma área no mundo dos negócios em que tivemos profundas e aceleradas mudanças ao longo destes últimos anos, essa área é a das vendas B2B.

Como já falamos, vendas B2B ou *business-to-business* são aquelas que se dão entre empresas e que têm por características essenciais ciclos de vendas relativamente mais longos, um maior número de *stakeholders*, que são as pessoas que, direta ou indiretamente, participam do processo de tomada de decisão de compra dos clientes e de valores financeiros bem mais elevados.

No entanto, é importante entender que – como já mencionei e agora reforço – o comportamento do cliente mudou demais ao longo dos últimos anos, o que faz com que tenhamos que nos preocupar muito mais em entender o "ciclo de compras" dos nossos clientes do que tão somente dominar e bem executar as etapas dos "ciclos de vendas" das nossas empresas.

E, falando em "ciclo de compras" dos nossos clientes, veja se você concorda comigo:

- Os clientes, nas mais diversas indústrias, nunca estiveram tão informados e exigentes quanto agora.
- Ao mesmo tempo, eles nunca tiveram à sua disposição uma quantidade tão grande de bons fornecedores com produtos e serviços tão similares, fazendo que, por vezes, o elemento mais crucial de seus processos de tomada de decisão seja o fator "preço", exatamente por não terem visto quaisquer diferenças que fossem dentre os múltiplos *players* à sua frente.

Você concorda com esta análise? E este cenário, lhe parece familiar aí no seu negócio?

Eis que, diante de um cenário tão desafiador, surge uma necessária questão: como se diferenciar diante de tantos bons competidores, vender valor e ao mesmo construir negócios sustentáveis e longevos em um cenário de tamanhas complexidade e imprevisibilidade?

Confesso que, se eu já tivesse a resposta para uma pergunta tão profunda (e extensa), já estaria multimilionário, o que não é o caso ainda.

Brincadeiras à parte, e como ainda tenho muita lenha para queimar, ainda que eu não tenha todas as respostas para essa tão crucial pergunta que, em minha visão, todos os líderes deveriam investir boa parte do seu tempo para respondê-la, preciso lhe dizer que um dos mais importantes pilares para efetivamente gerar valor em nossas conversas e negociações com os clientes passa pela capacidade de transformar os profissionais de vendas em verdadeiros "educadores" e "desafiadores".

Como é que é, Zé? Sim, é isso mesmo!

Os grandes profissionais de vendas são, acima de tudo, grandes "educadores" e exímios "desafiadores", que têm uma capacidade muito acima da média de "educar" e "desafiar" seus clientes com novas perspectivas, ideias e insights que efetivamente façam que, por vezes, eles passem a enxergar seus próprios negócios sob uma nova ótica.

E que fique bastante claro: esta não é uma mera e rasa análise do "Zé". Esta análise se baseia em um dos mais extensos estudos sobre os profissionais de vendas de alta performance.

Falo aqui da obra-prima *A venda desafiadora*, dos autores Brent Adamsom e Matt Dixon (2013), que "descobriram" que, entre cinco perfis predominantes de profissionais de vendas, há um que clara e paradoxalmente se destaca diante dos demais.

O paradoxo parte de uma análise entre os cinco perfis que inclui o chamado "construtor de relacionamentos", que é, em uma primeira e mais superficial análise, aquele profissional que tende a produzir melhores resultados, exatamente por ter as seguintes principais características:

- Saber construir sólidas redes de relacionamento no cliente.
- Ser generoso em dar seu tempo para ajudar os outros.
- Ter bastante foco na satisfação do cliente.
- Ter uma boa relação com todo mundo.

No entanto, os chamados "construtores de relacionamentos" não são os que produzem os melhores resultados.

Ao contrário, eles são os que têm a pior performance entre os cinco perfis abordados no livro, que inclui os "trabalhadores árduos", os "lobos solitários", os "solucionadores reativos de problemas" e os chamados "desafiadores".

Para que isso fique ainda mais claro: em vendas de baixa complexidade, 11% dos campeões de vendas são construtores de relacionamento.

Já nas vendas de maior complexidade, apenas 4% dos campeões são os chamados *relationship builders.*

Eis aqui o paradoxo!

Por vezes, ainda acreditamos que "vende mais quem constrói os melhores relacionamentos" e que "basta ter bons relacionamentos que a venda será uma mera consequência".

Nesse novo e complexo cenário de negócios e diante das céleres mudanças no "ciclo de compras" dos nossos clientes, esses "construtores de relacionamento" estão sofrendo muito mais, muito em virtude de ainda não terem percebido que seu mais importante papel passa a ser o de alguém que "educa" e "desafia" o cliente e que, portanto, não pode ter receio de trazer provocações que tirem o cliente da sua zona de conforto.

Peraí, Zé! Você está me dizendo que "relacionamento" não é importante no mundo das vendas B2B?

Não, eu não estou dizendo isso!

Eu só estou te dizendo que relacionamento é sim parte importante do processo de construção de confiança na relação que você tem com seus clientes e *prospects*, mas que não se pode apenas confiar no relacionamento como único e principal elemento constituinte das suas abordagens de vendas, para que você consiga se destacar e, principalmente, distanciar-se da tão famigerada "guerra de preços", que tem afligido praticamente todas as indústrias e empresas dos mais variados portes.

Estou te dizendo que é preciso ir muito além do "relacionamento" ao trazer à mesa novas provocações, novos insights e novas ideias que despertem no cliente o interesse e a curiosidade de ouvir o que você tem a dizer para ele.

Não por acaso, essa capacidade de provocar e "educar" o cliente é que faz do *challenger*, ou desafiador, o perfil que mais consegue se destacar nesse novo cenário em vendas B2B.

Retornemos aos dados que combatem o "achismo": se em vendas de baixa complexidade, os chamados *challengers* são 20% dos campeões de vendas, é nas vendas de maior complexidade que eles se destacam ainda mais: 54% dos campeões de vendas são "desafiadores".

Para lhe ajudar a entender melhor as diferenças de performance entre os cinco perfis aqui citados, veja os gráficos a seguir:

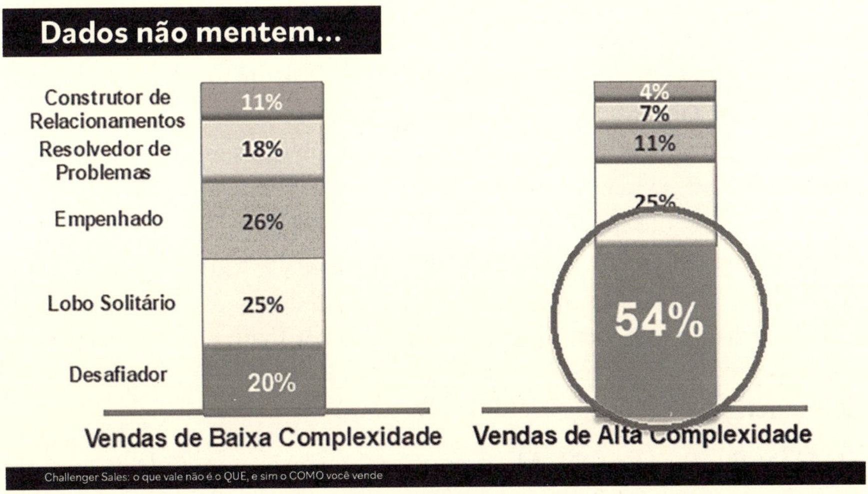

Fonte: ADAMSON, B.; DIXON, M. *A venda desafiadora: assumindo o controle da conversa com o cliente*, p. 27, 2013.

Uau, dados impressionantes, não é mesmo?!

Como sempre dizemos em todos os nossos treinamentos, workshops, palestras, aulas de MBA e em meu best-seller *Vendas. Como eu faço?* (NORONHA, 2014), esse novo cenário, que é na mesma proporção complexo e imprevisível, é também um cenário recheado de boas oportunidades para profissionais que têm humildade e a cabeça aberta para absorver novas técnicas, competências e habilidades que os permitam se diferenciar de outros tantos profissionais que ainda acreditam que os mesmos comportamentos que os trouxeram com algum "sucesso" até aqui serão suficientes para levá-los ao pódio novamente diante de tamanhos desafios.

E é aqui que entra a necessidade mais do que urgente de você e seus pares investirem de maneira mais vigorosa no incremento do comportamento *challenger* para que vocês se façam mais relevantes aos olhos de quem mais importa, que é o cliente.

Resumidamente: "desafiem positivamente seus clientes". Combinado?

Conclusão

Esqueça o "talento", entenda antes de atender e desafie positivamente seus clientes.

Sim, ao fazer isso, eu tenho certeza de que você vai se espantar positivamente com seu progresso como um(a) super profissional de vendas consultivas e que veio ao mundo para viver, vender e vencer!

Aliás, espero muito humildemente que minha história de superação e as profundas, impactantes e comprovadas técnicas, habilidades e competências que compartilhei aqui possam ajudá-lo(a) a construir uma carreira e uma história de vida igualmente abençoadas, em que é sempre importante agradecer a quem esteve e está ao seu lado o tempo todo, pois esses são os grandes "anjos" em nossas vidas.

Ficarei realmente muito feliz em ter você comigo nas redes sociais, onde sempre compartilho conteúdos muito bacanas e 100% gratuitos feitos para lhe ajudar a vender mais, melhor e com mais paixão.

Boas vendas e que Deus ilumine você, cada vez mais, em tudo!

Referências

ADAMSON, B.; DIXON, M. *A venda desafiadora:* assumindo o controle da conversa com o cliente. Trad. de Cristiana Serra. São Paulo: Portfolio-Penguin, 2013.

NORONHA, J. R. *Vendas.* Como eu faço? São Paulo: Évora, 2014.

RACKHAM, N. *Alcançando excelência em vendas:* spin selling. São Paulo: Alta Books, 2023.

14

ADAPTABILIDADE
O SEGREDO DO SUCESSO EM VENDAS

Desvende o poder transformador da adaptabilidade! Em quase 40 anos atuando em vendas, cada novo desafio foi uma virada em minha jornada. Desde o início da tecnologia dos anos 1980 até a era da inteligência artificial, atuei em diversos segmentos, como tecnologia, produtos e serviços. Compartilho os segredos da adaptabilidade comportamental, fundamentais para o meu aprendizado e sucesso.

CARLOS EDUARDO VAINI

Carlos Eduardo Vaini

Com uma carreira de quase 40 anos no ramo de vendas, é um executivo experiente que trabalhou em empresas renomadas como Grupo OESP, Legrand, LG, Embratel e TecBan. Sua paixão foi despertada durante um estágio em análise de sistemas, no qual percebeu o valor essencial dos profissionais da área. Ao longo dos anos, Vaini enfrentou e superou desafios em diversos setores, demonstrando uma habilidade em se adaptar a novos produtos e tecnologias. Durante sua jornada, concluiu uma formação em Administração, aprimorada posteriormente com MBAs em Gestão Empresarial e Telecomunicações. Como profissional, prioriza relações de confiança e empatia. Sua trajetória é marcada pela adaptação e pelo aprendizado contínuo no mundo dos negócios. Vaini prova que, com uma mentalidade aberta às mudanças, o sucesso profissional e a superação de desafios são alcançáveis.

Contatos
carlos@vaini.com.br
LinkedIn: linkedin.com/in/carlosvaini/

Evolução e inovação: uma jornada no universo das vendas e tecnologias

Em 1987, dei início à jornada no mundo das vendas, que viria a transformar minha vida, tanto pessoal quanto profissionalmente. Essa aventura começou vendendo anúncios em listas telefônicas, ferramenta de divulgação vital em uma época em que a tecnologia digital ainda era apenas uma promessa distante.

Ingressei em um curso intensivo de 60 dias em técnicas de vendas, que pavimentou meu caminho para o sucesso. Rapidamente percebi que vender ia muito além de persuadir; tratava-se de entender as necessidades do cliente, oferecer soluções que realmente agregavam valor e, principalmente, se adaptar a novas situações todos os dias.

Assim, dei meus primeiros passos em uma carreira diversificada, explorando diferentes ramos da indústria, do comércio e da tecnologia. Ao longo do caminho, enfrentei obstáculos, aprendi lições valiosas e celebrei conquistas significativas.

Em um cenário de constantes mudanças, no ano de 1988, mergulhei nas vendas B2B do varejo, em uma indústria eletroeletrônica líder do segmento de aparelhos de som, rádios portáteis e sons automotivos na época, e comecei a entender a relação comercial entre indústria e varejo.

A princípio, dei de cara com alguns obstáculos no varejo e admito que cometi deslizes de estratégia. Os resultados não foram exatamente como eu esperava, mas encarei isso como uma oportunidade de aprendizado. Foi então que decidi olhar para os vendedores mais experientes, buscando suas orientações e mentorias.

Dediquei-me a um estudo intenso sobre os produtos e o mercado. Conforme me aprofundava nesse conhecimento, percebi a importância da adaptação. Foi aí que passei a criar e implementar estratégias de vendas cada vez mais eficazes, vendo melhorias significativas a cada término de mês.

Naquela época, os recursos eram escassos e a tecnologia digital ainda não havia chegado ao nosso cenário. O controle das vendas era feito à moda antiga, com fichas de papel detalhando o histórico de pedidos de cada cliente. As decisões e estratégias de vendas não eram rápidas como são hoje, pois não tínhamos acesso aos dados instantaneamente para a tomada de decisões. No lugar disso, cada passo exigia reflexão e análise. O telefone fixo era nossa principal linha de comunicação, e todas as manhãs eu ligava para a secretária da empresa, ansioso por receber recados dos meus clientes da carteira e atualizar informações da estratégia comercial.

Após quatro anos de aprendizado, no ano de 1992 dei um salto em minha carreira ao ingressar em uma indústria eletroeletrônica multinacional francesa, especialista em sistemas elétricos, onde conheci o varejo especializado e entendi mais sobre processos comerciais e industriais.

Em meio a uma crise econômica severa, com inflação próxima a 100% ao mês, enfrentei desafios constantes por causa das mudanças de preços. Para acelerar a informação comecei a utilizar o fax como ferramenta de comunicação.

Em 1994, testemunhei uma revolução tecnológica na empresa: a adoção de *palmtops* para o envio de pedidos. Esse avanço significativo não apenas aumentou nossa produtividade, mas também acelerou o faturamento dos produtos, evitando perdas com a inflação alta da época: os pedidos eram enviados todos os dias por transmissão dos dados na linha telefônica.

Essa trajetória foi repleta de desafios, mas cada obstáculo superado me trouxe aprendizados para enfrentar os desafios futuros. Comecei a entender que o segredo do sucesso era aceitar as mudanças e adaptar-me rapidamente.

A partir de 1995, minha carreira deu uma nova guinada ao entrar no setor de tecnologia, uma alteração significativa em relação às experiências anteriores. Explorei a televisão por assinatura e o início da era digital no entretenimento, acessando um universo antes desconhecido.

Nesse período, a internet discada era nossa principal fonte de pesquisa; a internet através de cabos óticos estava no início da operação e não havia sites de busca. Recorri a revistas especializadas para descobrir os recursos úteis da web, aproveitando ao máximo essa nova ferramenta.

Com a popularização da internet, o acesso à informação tornou-se mais fácil, beneficiando aqueles que souberam aproveitar essa ferramenta no planejamento de vendas e na gestão de dados para impulsionar o desempenho comercial.

A transição do registro em fichas de papel para planilhas eletrônicas e editores de texto no computador, como o Lotus 123, simplificou processos que, comparados aos atuais, eram básicos. Essa evolução tecnológica revolucionou nossa forma de trabalhar e impulsionou a eficiência comercial.

A comunicação com o time de vendas já era feita por meio de pagers, os primeiros aparelhos celulares analógicos já começaram a aparecer, as respostas eram mais rápidas e a velocidade de fechamento de negócios aumentou. O profissional de vendas passou a se comunicar mais facilmente com seus clientes.

Em 1999, estive na vanguarda da transformação digital, vendendo serviços de telecomunicações por uma operadora de âmbito nacional, líder e referência de mercado e imergindo em um intenso aprendizado sobre novas tecnologias. Durante esse período, precisei me atualizar para acompanhar as tendências tecnológicas e completei um MBA em telecomunicações, marcando uma evolução crucial.

Naquela fase, estava concentrado na tecnologia existente na época, a internet já era realidade, o correio eletrônico (e-mail) era utilizado para comunicação com os clientes, a telefonia celular digital estava acessível a todos, a comunicação com o time de vendas e clientes era instantânea, e a velocidade das negociações era muito rápida. A rotina mudou muito: estávamos iniciando a era da conectividade, o trabalho se estendia fora do escritório depois do horário comercial.

Passei por mais um desafio em minha jornada: assumi a liderança de uma equipe de vendas. Foi um período de adaptação à nova função e responsabilidade, e busquei ajuda com os mais experientes e meu próprio gestor.

Enfrentei dificuldades ao comparar metodologias de trabalho dos liderados com as minhas próprias, mas percebi que precisava criar condições ideais para que todos na equipe alcançassem seus objetivos de maneira eficaz. Esse período representou um ponto de virada; entendi que, para liderar, a empatia e a confiança são fatores preponderantes para o sucesso das vendas.

Para que pudesse evoluir na nova função, cursei MBA em Gestão Empresarial, a fim de buscar entendimento dos processos e estratégias empresariais e alçar novos voos profissionais.

Em 2006, após uma fase focada em vendas B2B de tecnologia, retornei ao setor eletroeletrônico para atuar no varejo, em uma indústria eletroeletrônica multinacional coreana, onde vivenciei diretamente a revolução tecnológica, comercializando produtos precursores da inovação atual, como TVs, notebooks e celulares.

A dinâmica entre indústria e varejo evoluiu para uma parceria de confiança, com estratégias planejadas conjuntamente para impulsionar as vendas ao consumidor final, a responsabilidade da gestão de estoque do varejo era compartilhada com os fornecedores e a utilização de sistemas de controles de estoque eram muito comuns para a definição de novas estratégias baseadas no histórico.

Gerenciando uma equipe de vendas pelo Brasil, conheci diversas culturas regionais e aprendi a adaptar estratégias conforme as características de cada localidade. As diferenças culturais e econômicas entre as regiões do Brasil definiam o mix de produtos e a forma de promoção de vendas. Além disso, adaptei-me à cultura empresarial de uma empresa coreana, o que inicialmente foi um desafio, pois a cultura oriental é muito diferente da ocidental, mas me acostumei e pude me adaptar para exercer minha função.

Desde 2017, assumi o compromisso de explorar mercados em uma empresa líder em tecnologia bancária, que é referência no mercado e agora focada em vender novos serviços e soluções para o setor varejista. A busca por novos clientes em um novo segmento exigiu adaptações significativas, especialmente na equipe de vendas e na área de produtos da empresa, para entender as reais necessidades do setor.

Além das vendas: adaptando-se aos desafios e transformando-os em vitórias

Explorar a inovação e a mudança foi mais que uma necessidade; foi uma busca constante na minha jornada. Desenvolver a habilidade de me adaptar a diversas áreas, produtos e culturas organizacionais foi crucial para meu desenvolvimento pessoal e profissional, transformando obstáculos em oportunidades de crescimento.

Para enfrentar desafios atuais, estou me aprofundando em pesquisas de mercado, oportunidades e tendências do setor, além de aprimorar meus conhecimentos em inteligência artificial (IA) para descobrir novas ferramentas para ajudar na produtividade. Estou intensificando a presença nas redes sociais a fim de criar laços com potenciais clientes, incluindo softwares e sistemas de CRM para otimizar a prospecção e melhorar o gerenciamento de oportunidades na minha carteira de clientes.

Refletindo sobre adaptabilidade, percebo que é mais do que apenas flexibilidade. Enquanto a flexibilidade é uma mudança temporária sob pressão, a adaptabilidade envolve uma mudança consciente e duradoura, baseada no entendimento e aprendizado das necessidades.

No mundo atual, com constantes atualizações e reveses, ser adaptável significa estar sintonizado com as transformações ao nosso redor e realizar ajustes estratégicos tanto internos quanto externos. As pessoas só mudam por três motivos: medo, conveniência e aprendizado. Posso afirmar que a mudança por aprendizado é o caminho mais eficaz e menos doloroso, evitando a perda de oportunidades.

Ao avaliar as competências profissionais e estabelecer métricas específicas para diferentes estágios da carreira, posso destacar três quocientes:

- **Quociente de inteligência (QI)**: fundamental para enfrentar desafios iniciais no trabalho.
- **Quociente emocional (QE)**: essencial para manter competitividade e resiliência, gerenciando emoções e tomando decisões equilibradas.
- **Quociente de adaptabilidade (QA)**: define vencedores, capacitando a antecipar e reagir às mudanças com agilidade.

Aprimorando seu QA, você se destaca no mercado de trabalho, mostrando disposição para abraçar novos projetos e tecnologias inovadoras.

Soft skills: estratégias comprovadas para adaptação da carreira em vendas

Ao longo de minha carreira em vendas, busquei estratégias de adaptação para garantir o sucesso. Agora, compartilho essas estratégias com você:

Cultive uma mente aberta

Ter ideias preconcebidas sobre como as coisas funcionam pode limitar nossa abertura a novas ideias. A adaptabilidade reside em permanecer abertos e dispostos a explorar caminhos diferentes, adaptando-se às mudanças com flexibilidade.

Aceite a mudança

Recorrendo a um dito popular, mas profundamente verdadeiro: "A única constante é a mudança". Resistir à mudança ou negá-la apenas retarda nosso progresso. Ser adaptável é enfrentar desafios com abertura para correr riscos, buscar conhecimento em momentos difíceis e solicitar ajuda quando necessário. Ao acolher as mudanças, os resultados positivos naturalmente se seguirão.

Concentre-se na solução

Encarar problemas como oportunidades para melhorias é fundamental. Concentre-se em identificar claramente a demanda, entender suas causas e consequências e então definir e implementar soluções. Essa abordagem construtiva facilita a resolução de questões atuais e aprimora a habilidade de enfrentar futuros desafios.

Cultive atenção plena e escuta ativa

Estar totalmente presente no momento e dar atenção completa ao interlocutor são práticas essenciais. Elas promovem flexibilidade e abertura para mudanças, melhorando a compreensão dos contextos internos e externos e facilitando a navegação por períodos de transição ou ajustes de foco.

Engaje-se no aprendizado contínuo

O aprendizado contínuo, também conhecido nos dias de hoje como *lifelong learning,* é vital para acompanhar as transformações no mundo. Participar de cursos on-line, workshops, mentorias, leitura regular de artigos e o uso de redes sociais profissionais é fundamental para se manter atualizado e conectado. Essas atividades preparam você para o futuro com uma base sólida de conhecimentos e habilidades.

Pratique a humildade

A humildade é imprescindível para ampliar sua percepção e aceitar mudanças. Ao deixar o ego de lado, você se torna mais adaptável, reconhecendo suas limitações e valorizando as contribuições dos outros. Isso transforma falhas em aprendizados valiosos e mantém seu julgamento claro.

Aproveite as oportunidades profissionais, pois cada rejeição é um degrau rumo ao sucesso. Encare os erros como chances de crescimento e mantenha-se sempre em aprendizado constante. No dinâmico mundo das vendas, a adaptabilidade garante o sucesso e define sua trajetória nesse campo em evolução.

Boas vendas!

15

DEMOREI PARA ENTENDER

O capítulo apresenta a história de um veterinário que pôde ajustar suas habilidades profissionais no momento de amadurecimento do mercado pet. Conta o desenvolvimento do mercado em quatro fases, que se conectam com a evolução econômica do segmento, abordando desde a indústria até o varejo, e conclui vinculando a relação HUMANO-ANIMAL e o conceito de família MULTIESPÉCIE com o comportamento de consumo.

ANDRÉ PRAZERES

André Prazeres

Médico-veterinário, pós-graduado em Vendas e Marketing (ESPM) e Gestão Estratégica de Negócios (FGV), com 26 anos na indústria farmacêutica veterinária em cargos de liderança. Idealizador da Comissão de Animais de Companhia (Comac) do Sindicato Nacional da Indústria de Produtos para Saúde Animal (Sindan), conselheiro do CRMV-SP e, atualmente, empresário, atuando nos segmentos de varejo e educação. Sócio-proprietário da Dog Matilha (dogmatilha.com.br), creche canina; e do Instituto de Saúde e Psicologia Animal (Inspa – inspa.com.br), que promove cursos de pós-graduação na área de comportamento animal.

Contatos
dogmatilha.com.br
inspa.com.br
andre@almeidaprazeres.com.br
11 98128 1166

Demorei para entender que eu não fugia à regra, pois foram 26 anos de indústria farmacêutica veterinária e precisei de alguns deles como líder e recrutador para perceber que a motivação central da maioria de jovens que querem ser médicos veterinários é salvar bichos. Mas, depois desse tempo, virei a chave, fiz um ajuste profissional e fui ser vendedor.

Assim, entre terminar a faculdade e iniciar meu trabalho em vendas, tive que administrar muitas emoções, minhas e dos meus pais, que, como quase todo mundo, também esperavam que eu fosse salvar a vida dos bichos.

E foi exatamente por isso que descobri que não era médico e sim apenas veterinário. Isso significa a minha incapacidade de ligar os pontos entre o que os tutores falavam e os sintomas de uma doença.

O único ponto inegociável nesse cenário era o elo com a profissão que tinha escolhido na infância. Por isso, não abri mão de trabalhar como vendedor em qualquer área que estivesse conectada com a medicina veterinária.

Depois de um curso rápido na Associação dos Dirigentes de Vendas do Brasil (ADBV), para que meu currículo fosse pelo menos considerado, comecei como vendedor, batendo pasta, no jargão da rua.

Em pouco tempo, percebi que estava diante de um mercado em formação e imaturo, e isso era a matéria-prima para meu crescimento profissional.

Pude acompanhar de perto boa parte do desenvolvimento do mercado pet, com a lente da indústria farmacêutica e de outros setores do mercado, indústria de ração, varejo e, é claro, a clínica veterinária, alvo principal das minhas visitas.

E aí, já trabalhando, parti para uma pós-graduação de peso: Vendas na ESPM.

Mais para a frente fiz também pós em Gestão Estratégica de Negócios na Fundação Getúlio Vargas (FGV).

Tive muitas pessoas visionárias que me inspiraram, pois já acreditavam que "aquele negócio de cachorro" era promissor.

Na época, a maioria do varejo ainda se restringia às aviculturas, pelo menos era assim que se chamavam, na capital de São Paulo, as lojas que vendiam grãos, farelo para as "criações", arroz quebrado ou fubá junto dos miúdos para fazer a comida do cachorro e começavam a dar espaço para os sacos de ração e alguns medicamentos. Produtos para jardinagem e piscina apareciam também.

Esse foi o pontapé inicial da minha carreira e, por sorte, o ambiente de formação e tração econômica do mercado pet.

Junto nascia a necessidade de profissionais de vendas para o setor, geralmente médicos veterinários que, como eu, eram apenas veterinários, e não médicos.

Dessa demanda nascia o termo que daria uma pitada de humor e de clareza à profissão que nascia: o *venderinário*.

Enquanto eu tentava bater minhas metas e entendia que o passado não garantia o futuro, o mercado ia gradativamente se consolidando.

Nós, *venderinários*, concentrados no dia a dia da venda, das visitas, nos desafios e nas premiações, tínhamos dificuldade em perceber o todo. A visão mais ampla veio com a maturidade e orientações da pós-graduação, ratificando que ser vendedor não é apenas ter habilidades inatas, pois técnicas e treinamento são fundamentais.

Foram dois anos de pós-graduação, suficientes para receber a minha primeira promoção. Ao finalizar o curso da ESPM, eu já era gerente de vendas da linha pet num pequeno laboratório nacional. Lá tive a oportunidade de conhecer várias realidades Brasil afora, e iniciei o desafio de construir canais de distribuição para chegar aos pontos de vendas que cresciam exponencialmente.

Naquele momento, consegui "ligar os pontos", aqueles mesmos que não conseguia fazer na medicina, e ficava claro que o mercado pet ainda em formação não utilizava técnicas de promoção e marketing tradicionais como em outros ramos mais maduros.

Lembro-me de uma ação promocional de longo prazo na rede de distribuidores com objetivo de estimular o aumento das vendas, mas tínhamos o grande desafio de lidar com a alta taxa de *turnover* dos vendedores.

Encontrar uma agência de marketing que entendesse suas particularidades foi uma tarefa difícil.

Com as experiências iniciais, passei a entender a formação do mercado, quais eram os pontos críticos de sucesso e as habilidades necessárias para ter sucesso.

As rações iam consolidando seu discurso para substituir o resto de comida como base da alimentação dos cães, tornando-se claramente um item de consumo de massa. O discurso era simples e objetivo: **Ração é o único alimento de que seu cão precisa.**

Não demorou muito para o consumidor aderir à novidade, afinal, a vida ia ficando mais corrida e a praticidade da ração diante de fazer comida é quase que "impagável".

Assim, o varejo crescia e tracionava as vendas baseadas nos sacos de ração, além de dar oportunidades para mais *venderinários* atuarem. Era o início de inúmeras oportunidades em vendas, mas que precisavam de domínio técnico-comercial.

Ficava claro que o sucesso para o vendedor que não estudava e não se expunha ao mercado ficava mais distante.

Alguns anos depois, já com o mercado de ração e do varejo consolidado, surgiram as fábricas de rações locais com uma força comercial enorme, cuja base era o frete. Produtos de preço mais baixo eram a porta de entrada para consumidores das classes C e D, uma fatia gigantesca de potenciais consumidores.

Vendedores com habilidades de outros mercados de bens de consumo de massa, com a disciplina para ter sequência, frequência e roteirização nas visitas, já ocupavam seus lugares no mercado pet.

Considero essa a fase 1 do desenvolvimento do mercado pet, estabelecida basicamente entre as décadas de 1980 até os anos 2000. Didaticamente, a chamo de **fase barriga cheia**.

Diante de um número enorme de pontos de venda e uma sensação coletiva de que o lugar dos cães não era mais fora de casa, começamos a ver muito rapidamente os animais ocuparem um lugar dentro de casa.

Ao perceber esse movimento se intensificando, o varejo começou a oferecer os serviços de banho e tosa e estética, e junto veio a indústria de acessórios e xampus que tracionava.

Para os vendedores do canal intermediário, uma nova competência era requisitada: havia espaço para uma venda mais consultiva, na qual a oferta de produtos inovadores *versus* produtos de maior giro estava presente na relação com o varejo.

Estamos falando pontualmente da construção de relacionamento entre vendedor e comprador como fator crítico de sucesso e a consolidação de uma venda recorrente no segmento.

Valores como agressividade na medida certa, ligados à honestidade e à transparência nas negociações, tornavam-se cada vez mais relevantes para o vendedor.

Sob o ponto de vista das fases, era o movimento natural, afinal, cachorro cheiroso dentro de casa faz todo sentido.

Estava então clara a fase 2 do mercado: a **fase cheirosa**.

Na linha do tempo, estamos falando de 15 anos, entre 2000 e 2015.

Nesse período todo, era esperado que a medicina veterinária não ficasse parada. Ela evoluiu e muito, como ciência, na capacidade de salvar os bichos, e comercialmente, abrindo espaço para um novo perfil de "vendedor", aquele que poderia ser comparado com o visitador médico. Perfil mais técnico, mas com habilidades de comunicação e que basicamente vende ideias e trabalha para uma negociação futura.

Naquela altura do campeonato, o mercado pet já era classificado como "bem de consumo de massa", principalmente nas rações. A oferta de serviços de banho e tosa já estava disseminada, até com algumas extravagâncias que mereciam no mínimo uma desconfiança. E, paralelo a isso, o Brasil destacava-se como grande *player* mundial, oscilando entre 3ª e 4ª posição.

Mas faltava alguma coisa, e nos últimos 10 anos pudemos observar a explosão de investimento em medicina de alta complexidade. Estruturas hospitalares foram crescendo rapidamente, e a entrada de grandes grupos de investidores internacionais já é uma realidade.

Estava formada a grande fase 3 da constituição do mercado pet.

A partir dali, tínhamos a **fase da saúde**.

O mercado se profissionalizou, se consolidou e evoluiu em muitos sentidos. Canais de distribuição tornaram-se fundamentais para o abastecimento do varejo e o vendedor passou a ser visto como peça-chave para os produtos chegarem à ponta.

O varejo evoluiu muito sua forma de administrar: as lojas do "meio" se adaptaram, afinal tinham um negócio com praticamente cinco dinâmicas distintas dentro do mesmo ponto de venda, cada uma com necessidades específicas de gestão – vendiam ração, medicamentos, serviços de estética, acessórios e xampus. E, em muitos casos, gerenciavam as demandas da clínica veterinária, além de ter que se diferenciar dos grandes varejistas.

Daí ficava clara a importância do vendedor preparado e com viés de consultor, apto a orientar e ajudar no sucesso do cliente, mantendo viva e saudável a venda recorrente e o relacionamento como peça-chave.

E posso dizer que eles venceram: o pet shop de bairro é a imensa maioria ainda hoje, tornando o mercado pet superpulverizado e ratificando a relevância dos vendedores.

Até aqui estamos falando de, no mínimo, uns 40 anos, e aparentemente as fases se completavam, direcionando o mercado para a estabilidade. Só que não.

Estamos diante do início de uma nova fase, a 4, que chamarei de **cuidado com a relação**.

Essa etapa está se formando há alguns anos e foi claramente acelerada pela pandemia, que deixou evidente um conceito muito importante: o pilar fundamental de crescimento do mercado pet.

Estamos falando do processo de humanização dos pets e que evolui para o conceito de família multiespécie.

Ambos os conceitos abrem espaço para novos produtos, categorias e abordagens na venda, criando oportunidades para a formação do vendedor cada vez mais especializado. Porém, há uma diferença entre essas definições: enquanto o conceito de humanização tem como base a crítica de que cachorro não deve ser tratado como humano, muitas vezes esbarrando nas extravagâncias, o conceito de família multiespécie diz que devemos tratar da relação entre humanos e animais sob a ótica do bem-estar dos cães.

Um bom exemplo aqui é o vendedor especializado no mercado de comportamento animal.

Uma conexão clara com a evolução econômica do mercado pet é a relação humano-animal com base no amor e no vínculo, expondo os benefícios para ambos e abrindo caminhos para um mercado gigante, ainda pouco explorado.

Podemos olhar isso considerando as profundas mudanças nas prioridades sociais, uma vez que chamamos os pets de filhos, carregando, assim, o consumo nesse novo cenário.

Esse olhar define a evolução do mercado pet nessas quatro fases propostas. Em todas elas, a motivação central sempre foi o bem-estar deles; portanto, produtos e serviços devem ser oferecidos e, assim, consolida-se o mercado, em última análise mediado pelo papel fundamental do profissional de vendas.

Números atuais mostram uma sociedade híbrida, gastando mais com seus pets do que em mercados clássicos, como de fraldas e brinquedos.

Essa fase quatro abre um mundo de oportunidades para um mercado de consumo e consequentemente para vendedores nessa relação humano-animal, sempre com o objetivo de cuidar de todos de modo mais inteligente.

Está posta a profunda transformação social sob o olhar econômico e de oportunidade em vendas.

Hoje, 27 anos depois de iniciar esta jornada incrível, tenho muito claro que compartilhar conhecimento e experiências é uma das melhores práticas para se desenvolver e se conectar com as pessoas. É a seleção natural para ficar perto de jovens com vontade de se desenvolver e escrever novas histórias.

Habilidades como flexibilidade e capacidade de adaptação foram essenciais para minha caminhada. Com o tempo, fui entendendo que a escuta ativa também era igualmente importante. Os mais jovens precisam ter clareza e mente aberta para entender a importância das habilidades emocionais – elas vão sendo adquiridas com o tempo e devem ser exercitadas até encontrar o "tom" certo para cada cliente ou circunstância.

Quero terminar este capítulo ratificando que toda essa trajetória do mercado pet passa pela descoberta de que cuidar da relação de humanos e animais é certamente muito bom, além de ser economicamente produtivo.

16

INSPIRAÇÃO EM VENDAS

"Se fui capaz de ver mais longe, é porque me apoiei em ombros de gigantes."

(Isaac Newton, 1675)

Agora, você vai conhecer a surpreendente história real de uma mulher que superou inúmeros desafios, explorou suas competências comportamentais, criou possibilidades para seu sucesso e se tornou uma escola viva de vendas. Prepare-se para se inspirar e aprender a negociar de forma encantadora.

JOSIANE FIRMO

Josiane Firmo

Mãe de Pedro e Mateus. Apaixonada por inspirar e desenvolver pessoas, e por vender serviços transformadores. Psicóloga há 18 anos e especialista em recolocação profissional, com experiência em RH de empresas nacionais e multinacionais. Pós-graduada em Psicoterapia Cognitivo-Comportamental e Gestão Estratégica de Recursos Humanos. Top influencer em RH e LinkedIn, mentora de carreira e LinkedIn, analista comportamental e LinkedIn *creator*. Palestrante com 15 anos de experiência em comunicação e mais de 32 anos em música. Empreendedora do conhecimento, focada na preparação de profissionais para conquistarem o emprego ideal por meio do autoconhecimento dos seus talentos e valores. Escritora do best-seller *Balanced skills* (Literare Books, 2023) e do livro *Construindo conexões poderosas* (2024).

Contatos
josianefirmo.com.br
josianefirmo@yahoo.com.br
Instagram: @coachjosianefirmo
LinkedIn: linkedin.com/in/josiane-firmo/
Youtube: youtube.com/c/JosianeFirmoConexaoCarreira/

Pensando na sua profissão, no seu trabalho atual, você tem alguém que o inspira?

Não há nada melhor do que ter quem modelar, ter uma referência em termos de atitudes e comportamentos para alcançarmos resultados extraordinários.

A palavra "inspiração" significa soprar algo divino, uma força sobrenatural no outro. Assim, aquele que nos inspira desperta em nós o desejo de realizar uma atividade entregando sempre o nosso melhor. Seu legado é tão positivo que nos espelhamos em suas qualidades e conquistas para atingirmos nosso objetivo e irmos além, deixando marcas positivas na memória daqueles que cruzam nosso caminho. Portanto, trata-se de uma fonte de crescimento pessoal e profissional, de uma energia que nos leva a usar nossos talentos e a desenvolver nossos pontos de melhoria para fazermos a diferença na nossa área de atuação.

Ser uma inspiração não depende de o que a pessoa fez em sua jornada de vida e carreira, se foi algo simples ou grandioso. O que verdadeiramente importa é como ela agiu, se relacionou e se comunicou. Ou seja, trata-se muito mais de seu lado humano do que do seu componente técnico. Essa pessoa é capaz de promover uma experiência impactante e inesquecível, pois consegue enxergar as situações com outras lentes. Isso estimula nossa criatividade e nos impulsiona a identificar nossa habilidade única para não sermos apenas mais um profissional com aquela especialidade, mas sim a pessoa que se destaca no meio da multidão.

As competências técnicas sempre serão importantes; entretanto, cada vez mais as *soft skills* são valorizadas no mercado de trabalho, aquelas exclusivamente humanas, que as máquinas não podem substituir.

Foi assim que tudo começou...

Ela nasceu no dia 20 de agosto de 1955 em Mata da Cruz, localidade do distrito de Santa Maria, pertencente a Campos dos Goytacazes, onde morou por 22 anos. Era a mais velha dos oito filhos de um casal de trabalhadores rurais.

Seus pais eram analfabetos e ela só teve a oportunidade de estudar até a antiga quarta série, o que hoje equivale ao terceiro ano do ensino fundamental. Para isso, percorria, a pé ou a cavalo, uma longa distância, de aproximadamente uma hora, entre sua casa e a escola.

Nos intervalos, renunciava às brincadeiras com os colegas de turma para ter aulas de crochê e tricô com a professora a fim de criar peças para vender e ajudar a família.

Com 11 anos, aprendeu a pintar e começou a produzir suas primeiras artes em roupas e tecidos para decorar as casas da pequena vizinhança.

Aos 14 anos, concluiu o curso de corte e costura, sua única certificação. Dessa forma, costurou várias roupas para as pessoas do lugarejo onde residia.

Suas tarefas de criança envolviam limpar a casa, lavar roupa e preparar comida para a família e os "camaradas" da roça.

Aos 16 anos, comprou sua primeira máquina de costura. Até então, costurava numa máquina antiga, de pedal, que pertencia à sua mãe. Seu novo instrumento de trabalho tinha motor; porém, como não havia energia elétrica, diante das condições, teve que continuar executando seu ofício de um jeito mais rústico.

Ainda adolescente, dominava todas as etapas da confecção: escolha do modelo e do tecido, corte das peças, montagem dos tecidos, costuras, bordados, pinturas, finalização e acabamentos.

Além disso, mesmo sem treinamento específico, cursos ou formação em vendas, iniciou sua jornada como empreendedora, aprendendo com as falhas e buscando melhoria contínua. Nessa fase, ela percebeu que o retorno financeiro que tinha com suas negociações tornava viável a compra de tecidos em metros. Anteriormente, os clientes levavam os panos até ela. As peças fechadas, com cerca de cinquenta metros de comprimento, por exemplo, ainda seriam uma conquista para o futuro.

Algo que sempre chamava a atenção daqueles que buscavam os serviços da jovem era a qualidade de suas entregas, a atenção aos detalhes. Era uma profissional que se importava não só com o prazo, mas também com o capricho em tudo o que colocava as mãos. Essa característica, somada à sua humildade e ao seu carisma, cativava e fidelizava seus fregueses.

Seu propósito era muito nobre e ela tinha clareza dele: ajudar sua família a ter conforto e uma vida digna. Como tinha consciência do "porquê" de suas ações, enfrentava qualquer "como".

Cultivando esse pensamento, realizou a primeira compra com seus ganhos: um sofá para a sala da casa que, até aquele momento, só tinha uma mesa velha com quatro cadeiras. A moradia do interior tinha o teto de telhas e o chão de tábua. A luz era de vela e lamparina. Água encanada era item de luxo, a que aquela gente simples não tinha acesso.

Olhando a questão do propósito pelo ângulo do cliente, afirma Simon Sinek (2018) que as pessoas não compram propriamente o que o outro faz, mas o porquê ele faz, o motivo que leva o profissional a vender um determinado serviço ou produto. Esse raciocínio nos alerta para o fato de que o sucesso começa pelo porquê, pelo autoconhecimento da intenção positiva que há por trás do que se realiza.

A protagonista desta história casou-se jovem e levou consigo o pouco que tinha em termos de aviamentos, tecidos, tintas e sua máquina para dar continuidade ao seu trabalho.

Sua realidade de vida permaneceu quase a mesma, sempre tendo que fazer mais com menos, pois sua nova moradia também não tinha água e luz. Como costurava desde o início da manhã até à noite, precisava usar lampião.

Seu esforço diário e sua vontade de vencer não permitiam que ela esmorecesse diante das dificuldades. Por vezes, o plantio era feito em meio às lágrimas, que irrigavam seus sonhos e fortaleciam sua mentalidade vencedora e a certeza que carregava em seu coração de que a vitória era apenas questão de tempo e persistência.

Pela indicação de seus clientes, baseada nas belas e exclusivas obras de arte que recebiam, foi atraindo mais compradores e revendedores dos seus produtos.

Com três anos de enorme dedicação, conseguiu juntar os recursos para adquirir sua primeira casa com água e luz. O terreno era bem grande. A casa que tinha nos fundos dele foi o lugar escolhido para sua confecção de artigos de cama, mesa e banho, com novas máquinas e cerca de dez pessoas contratadas.

Após um ano morando em Boa Ventura, distrito de Itaperuna, essa mulher inspiradora teve sua primeira filha que, com seus 22 dias de nascida, já acompanhava os pais nas viagens ao Rio de Janeiro, cuja distância era de 500 km, a bordo de um fusca, para entregar encomendas da confecção a inúmeros lojistas e vendedores autônomos.

Depois de quatro anos, nasceu o filho caçula, que também teve a oportunidade de crescer dentro desse universo das vendas.

O tempo passava e o propósito inicial daquele negócio persistia em torno de seu valor inegociável: sua família. Com as crianças participando daquela etapa de carreira, aquela mãe tinha como objetivo principal oferecer educação de qualidade ao casal de filhos, uma formação superior que lhes abrisse as portas para um trabalho honrado, possibilitando a compra de uma casa própria e uma vida confortável.

Os clientes ficavam encantados com as mercadorias e, todo mês, faziam um novo pedido. As encomendas só aumentavam, as peças chegavam a diversos estados do Brasil e seguiam, também, para outros países.

E como essa história dialoga com a literatura sobre vendas?

Havia um aspecto muito forte nas vendas, capaz de tornar os consumidores leais: a conexão profunda, mútua e autêntica entre as partes. Sabe-se que é pela emoção que as pessoas compram, não por uma razão lógica. Percebe-se que essa empreendedora, embora não tivesse estudos de psicologia, entendia bastante da mente humana, de como criar rapport, isto é, uma relação empática, de confiança, com escuta ativa e interessada pelo outro.

Ao usar essa técnica, mesmo sem ter consciência disso, ela proporcionava uma experiência altamente diferenciada e positiva aos seus clientes, que sentiam que eram compreendidos em suas dores, desejos e necessidades.

Conhecer cada consumidor permitia-lhe ter uma comunicação assertiva e fazer negociações ganha-ganha, ou seja, com benefícios para ambos os lados.

Seus princípios de honestidade e transparência aumentavam a fidelidade daqueles que a conheciam, a ponto de quase todos tornarem-se amigos íntimos por décadas ou mesmo por toda a vida.

Não se tratava da venda pela venda ou do foco principal no lucro, mas de algo muito maior, que transcendia o momento da compra. O dinheiro era um meio e não o fim.

Ela não "empurrava" os produtos para ninguém, não insistia para que a pessoa adquirisse uma peça mais cara, mas aquela que o cliente procurava, para que ficasse verdadeiramente satisfeito e realizasse uma nova encomenda.

O amor pelo seu trabalho movia aquela mulher; por isso havia leveza, prazer e naturalidade em suas ações e atitudes. Ela sempre dizia que seu ofício era um recurso terapêutico para si. Embora exigisse muita transpiração, a energia que a motivava era muito maior.

Ela agia com entusiasmo, e seu posicionamento contagiava todos à sua volta, que passavam a ser entusiastas também. Parece que ela conhecia o pensamento do escritor Napoleon Hill (2015), que afirmava que o entusiasmo é a maior força da alma e que aquele que o conserva dentro de si terá poder para conquistar tudo o que pretende.

Outro ponto interessante nessa evolução de carreira como vendedora é que havia muita concorrência, uma vez que a cidade onde vivia é considerada, até os dias atuais, um polo de confecções. Todavia, a dela se destacava por possuir uma líder com competências comportamentais bem desenvolvidas, que servia de exemplo para seus liderados.

Algumas de suas *soft skills* que sobressaíam eram: inteligência emocional, criatividade, inovação, capacidade de resolver problemas, comunicação assertiva, negociação, liderança, resiliência, flexibilidade, pontualidade, acabativa, paciência, sabedoria, empatia e planejamento.

Por ser uma empreendedora de valores admiráveis, atraía pessoas semelhantes para serem seus compradores. Todos honravam seus combinados, ainda que com sacrifícios.

Com tudo isso, é possível entender que, para ser um vendedor extraordinário e inspirador, não basta ser um especialista na sua área de atuação; é preciso, primeiro, ser especialista em gente, ter interesse genuíno pelas pessoas e por ajudá-las.

Diante dessa história e de tantas outras de que temos conhecimento, podemos verificar que existem profissionais que têm características inatas, dons que fazem parte da sua essência, que se encontram em potencialidade no seu íntimo.

Claro que as competências comportamentais também são passíveis de serem aprendidas e desenvolvidas, em processo de coaching, leitura de livros específicos sobre a temática de vendas, cursos e treinamentos e, especialmente, na prática. Isso vale, inclusive, para as competências técnicas.

Cora Coralina (1983) nos lembra que o saber a gente aprende com os livros e os mestres que cruzam nosso caminho. Entretanto, a sabedoria se aprende com os humildes na escola da vida.

Aquele que vende pelo lucro e para tirar vantagem não faz diferença na trajetória de ninguém; não percebeu ainda que esse assunto é sobre relações humanas, impacto positivo e, consequentemente, legado.

Creio que você esteja se perguntando: "Afinal, quem é essa mulher inspiradora? Ela conseguiu atingir seu objetivo?"

Antes de responder, gostaria que você refletisse sobre sucesso. O que significa, para você, ser uma pessoa bem-sucedida? Já observou que isso é muito subjetivo?

Lembra-se do propósito dessa mulher, dos seus valores e objetivos? Pois bem, ao longo de uma jornada de carreira que já dura 60 anos, podemos constatar que ela conseguiu alcançar seu estado desejado e com louvor. Seus filhos fizeram faculdade, constituíram suas famílias, adquiriram suas casas e decidiram ser vendedores também. Ambos trabalharam em grandes empresas e, em seguida, tornaram-se empresários.

Os dois filhos tiveram a mãe como modelo de vendedora encantadora de clientes, por isso seguem praticando as competências socioemocionais e cultivando a crença de que, mesmo que as condições não sejam ideais, jamais devem desistir de seus sonhos.

Essa mulher virtuosa é a minha mãe, Rosa Maria, que, ao longo desta leitura, nos mostrou como criar conexões poderosas para vendermos e deixarmos saudade na memória dos nossos clientes.

Agora, vamos para a próxima venda?

Referências

CORALINA, C. *Vintém de cobre:* meias confissões de Aninha. São Paulo: Global Editora, 2013.

FIRMO, J. Autoconhecimento. *In*: ANTUNES, L.; SPADOTO, M. (coord.). *Balanced skills:* competências essenciais para buscar o equilíbrio integral alinhado ao seu momento de vida. São Paulo: Literare Books Internacional, 2023. p. 153-161.

HILL, N. *A lei do triunfo:* 16 lições práticas para o sucesso. Trad. de Fernando T. S. Rio de Janeiro: José Olympio, 2014.

MARQUES, J. R. *Coaching de vendas*. Goiânia: IBC, 2015.

SINEK, S. *Comece pelo porquê:* como grandes líderes inspiram pessoas e equipes a agir. Trad. de Paulo Geiger. Rio de Janeiro: Sextante, 2018.

17

DO SONHO NO FUTEBOL AO MUNDO DE VENDAS *TECH*

A JORNADA DA RESILIÊNCIA E DEDICAÇÃO

Quem diria que as dificuldades de infância nos campos de futebol seriam capazes de impulsionar uma carreira de sucesso em vendas no mundo de tecnologia? Neste capítulo, o autor conta sua emocionante história de resiliência e dedicação, dando dicas sobre como vencer obstáculos, se atualizar e ter a mentalidade certa para realizar sonhos. Você vai vibrar com cada vitória!

JOEVAL MARTINS

Joeval Martins

Formado em Ciências Exatas (Matemática) pela PUC-Campinas, com pós-graduação em Marketing pela ESPM, especialização em Marketing e Finanças pela Wharton School, da Universidade da Pensilvânia e MBA em Marketing e Negócios Digitais pela Be Academy. Executivo de vendas por mais de 30 anos e professor de pós-graduação em Marketing Empresarial, Gestão Comercial e Empreendedorismo e Inovação na FGV. Passou por empresas como IBM, CPqD, Alcatel, Ericsson, Motorola Solutions, Accenture e, atualmente, é o diretor de Data Innovation e GTM da Actian Corporation.

Contatos
Instagram: @joevalmartins
Facebook: Joeval Martins
LinkedIn: linkedin.com/in/joevalmartins/

Minha jornada para me tornar um vendedor melhor, transformando o banal no extraordinário!

Neste capítulo, compartilho a história de um garoto que sonhava em se tornar um jogador de futebol e de como o esporte e os estudos transformaram um vendedor limitado e comum em um dos melhores da sua categoria. A cada sonho de infância desfeito, cada chute na bola que não alcançou o gol, eu me vi diante de desafios que moldaram meu caráter e minha determinação. Enfrentei rejeições dolorosas, a falta de experiência que me deixava inseguro e as dúvidas cruéis sobre mim mesmo. Mas a educação executiva foi a âncora que me manteve firme, que me mostrou o caminho.

Ao longo dessa jornada, descobri a importância da mentalidade de *lifelong learning* – a aprendizagem ao longo da vida, essa busca contínua, voluntária e autônoma pelo conhecimento, por motivos pessoais ou profissionais. Compreendi que essa prática não só aumenta a competitividade e a empregabilidade do indivíduo, mas também aprimora a inclusão social, a cidadania ativa e o desenvolvimento pessoal. Essa filosofia me permitiu transformar cada queda em um passo em direção ao sucesso.

Foi essa mesma filosofia que me conduziu, finalmente, a uma posição de destaque. E, com o tempo, permitiu que eu me colocasse entre os três melhores professores do curso de pós-graduação em uma das melhores escolas de negócios do Brasil. A transformação não foi fácil, mas ao persistir e acreditar em mim mesmo, consegui transformar o banal em extraordinário. Minha história é uma prova de que, com paixão e dedicação, podemos transcender nossas limitações e alcançar o sucesso.

O início de tudo

Sonhos de infância

Joeval de Oliveira Martins, filho de João e Valda, nascido em 1964 em São Paulo. Como muitos meninos da minha geração, eu sonhava em me tornar um jogador de futebol. Passava horas chutando a bola no quintal de casa, na escola, no clube, imaginando-me dentro de um campo, em um estádio lotado, em um jogo de campeonato nacional. Cada chute era um vislumbre do futuro, cada jogada bem executada, um passo rumo ao estrelato. Eu me via correndo, a bola nos pés, o coração batendo forte ao som dos gritos da torcida.

A realidade da vida

Porém, a realidade da vida nem sempre segue nossos sonhos de infância. Talento e técnica limitados, competia por um espaço com uma geração de milhares de garotos brilhantes no futebol. Foi doloroso perceber que não haveria espaço para mim nesse mundo de chuteiras e gramados. Mas, ao mesmo tempo, uma nova luz começava a brilhar: minha segunda vocação poderia estar na eletrônica.

Formei-me pela Escola Técnica de Eletrônica de Campinas (Etec – Salesianos) e fui escolhido entre dez candidatos para um estágio na IBM, na área de Qualidade de Componentes para manufatura dos *mainframes* IBM – computadores de alto desempenho usados para fins de computação em grande escala, exigindo mais disponibilidade e segurança do que máquinas menores poderiam oferecer – segmento no qual a IBM foi líder de mercado por décadas.

A faísca da paixão

A IBM foi a "faísca" que eu precisava para incendiar minha paixão pela tecnologia. O ambiente vibrante e inovador da IBM, com seus corredores cheios de mentes brilhantes e projetos ambiciosos, despertou em mim um fervor que eu não sabia que existia. Cada dia era uma nova descoberta, cada desafio uma oportunidade de crescer e aprender. A eletrônica, que antes era apenas uma curiosidade, transformou-se em uma paixão avassaladora, alimentada pela visão de um futuro em que eu poderia fazer a diferença.

Com o coração cheio de sonhos novos e a mente aberta para o aprendizado, mergulhei de cabeça nesse mundo fascinante. A cada circuito montado, a cada problema resolvido, eu sentia que estava mais perto de encontrar meu verdadeiro propósito. A jornada não seria fácil, mas a chama acesa pela IBM prometia iluminar meu caminho, transformando cada desafio em um degrau rumo ao sucesso.

A jornada educacional

Aos vinte e poucos anos, eu iniciava minha jornada universitária na Faculdade de Matemática da PUC-Campinas. Aqueles primeiros passos eram como desvendar um novo mundo, cheio de possibilidades e desafios. Cada aula era uma janela para um universo de conhecimento, onde a lógica dos números se entrelaçava com a beleza da descoberta.

Não satisfeito em ficar apenas no campo da Matemática, fui buscar expandir meus horizontes, mergulhando na pós-graduação em Marketing na ESPM. Foi como aprender a linguagem das emoções e dos desejos humanos, decifrando os códigos que movem os mercados e as mentes. Ali, tudo começou a fazer sentido e entendi a arte de criar conexões, de contar histórias que cativam e convencem.

A sede de conhecimento me levou ainda mais longe, até a Wharton School, na Universidade da Pensilvânia, onde me especializei em Finanças e Marketing. Em cada aula, eu sentia o peso da responsabilidade de dominar conhecimentos que poderiam transformar empresas e destinos. A especialização foi um mergulho profundo nas estratégias que movem o mundo dos negócios, revelando a intrincada dança entre números e narrativas. Com o bônus de poder assistir às aulas conhecendo um segundo idioma: o inglês!

Finalmente, coroando minha jornada acadêmica, conquistei um MBA em Marketing e Negócios Digitais pela Be Academy. A imersão no universo digital foi um despertar para as infinitas possibilidades que a tecnologia oferece. Cada projeto, cada desafio superado, reforçava minha confiança e capacidade de inovar.

Essa trajetória educacional foi crucial para o desenvolvimento de minhas habilidades interpessoais, como a comunicação eficaz, o trabalho em equipe, a liderança e a inteligência emocional. Cada interação, cada debate, cada projeto colaborativo moldaram-me, preparando-me para os desafios do mundo real.

Além disso, desenvolvi habilidades críticas, como a análise de informações, a tomada de decisões fundamentadas e a resolução eficaz de problemas. Cada equação resolvida, cada campanha bem-sucedida, cada estratégia implementada, cada nova venda era um passo em direção ao domínio do tema.

A educação foi minha melhor jogada, superando os sonhos de infância e preparando-me para um futuro brilhante. Transformei a curiosidade de um jovem sonhador em uma competência sólida, construindo uma carreira brilhante baseada na busca incessante pelo conhecimento. Meu percurso acadêmico é uma prova de que, com dedicação e paixão, é possível transformar o banal no extraordinário e encontrar, na educação, a chave para um futuro de realizações e sucesso.

O vendedor de tecnologia

Lembro como se fosse ontem do dia em que entrei no segmento de vendas. Cheio de sonhos e ambições, mas também de medos e incertezas, os primeiros meses foram uma montanha-russa emocional: dias de euforia ao fechar um negócio, seguidos de desânimo após inúmeras rejeições. Cada "não" era um golpe, mas também um aprendizado, uma oportunidade de crescer e me aperfeiçoar.

Mas eu não desisti. Sabia que havia algo especial dentro de mim, esperando para ser descoberto. Decidi investir em minha educação, participando de cursos e workshops que desenvolveram habilidades essenciais para o sucesso em vendas. Cada novo conhecimento era uma peça no quebra-cabeça de meu sucesso, cada técnica uma ferramenta para abrir portas e conquistar clientes.

As chaves para o sucesso

Com o tempo, consegui aprimorar estratégias e técnicas que me ajudaram a destacar-me em um "oceano vermelho" de profissionais. Aprendi a construir relacionamentos sólidos com os clientes, a persistir diante dos "nãos" e a ter coragem de fechar negócios. Cada experiência, cada cliente conquistado, me tornava um profissional melhor. O aprendizado de novos idiomas, como inglês e espanhol, alavancou minha carreira de vendas na América Latina. Novas portas e novos países surgiram no mapa de minha carreira.

Tudo mudou radicalmente quando conheci os livros *Strategic selling* e *Conceptual selling,* de Robert Miller e Stephen Heiman. Essas obras tornaram-se a minha "Bíblia de vendas", oferecendo insights profundos e estratégias eficazes que consegui aplicar com paixão e precisão, quase uma "religião" na execução de uma venda. As páginas desses livros eram como mapas que me guiavam na jornada, transformando-me a cada estratégia em uma arma poderosa na batalha diária das vendas.

A mentalidade de vencedor

Ao longo da jornada, consegui perceber que a chave para o sucesso ia além das técnicas de vendas. Era uma questão de mindset, de acreditar em mim mesmo e na capacidade de transformar o banal no extraordinário. Aprendi a encarar desafios como oportunidades de crescimento e a ver o "não" como um convite para me dedicar ainda mais. Cada obstáculo era uma chance de me reinventar e de provar meu valor.

Eu também descobri que a verdadeira força vinha de dentro, de uma mentalidade resiliente e otimista. Criei o hábito de cultivar a habilidade de me adaptar, de aprender com cada falha e de enxergar oportunidades onde outros viam apenas barreiras. A cada "não" que recebia, eu me fortalecia, transformando rejeições em degraus para o sucesso.

Minha trajetória é um testemunho de que, com a mentalidade certa, é possível transcender limitações e alcançar o extraordinário. Eu não somente me tornei um vendedor impecável, mas também uma inspiração para aqueles que me cercam, mostrando que o sucesso é construído dia a dia, com perseverança, paixão e uma crença inabalável em mim mesmo.

Superando a concorrência

No ano de 2004, com a economia brasileira em crescimento e a popularização exponencial da internet, vi-me diante de uma oportunidade ímpar na minha carreira. A Motorola Solutions lançava o Canopy, uma plataforma de banda larga sem fio que revolucionaria a conectividade. Embora tecnicamente superior, seu custo era o dobro dos concorrentes. Eu sabia que estava diante de um desafio monumental, mas também de uma chance única de me destacar e aplicar tudo o que aprendi na minha jornada de vendas estratégicas nesse caso.

Decidi adotar uma nova abordagem de vendas, ousada e inovadora. Desconstruí as ofertas limitantes dos concorrentes, apresentei todos os casos de sucesso e reformulei totalmente o pitch de vendas que havia sido "importado" dos Estados Unidos para o Brasil pelos altos executivos da Motorola Solutions. Foquei 100% no impacto nos negócios e no retorno sobre o investimento; cada compromisso era personalizado, cada apresentação uma obra de arte das técnicas de vendas, moldada para atender às necessidades específicas de cada cliente nos rincões brasileiros onde a internet ainda não chegava!

Conquistando clientes

Essa nova metodologia e sua aplicação rapidamente trouxeram novos clientes significativos para a Motorola Solutions. Mesmo enfrentando resistência, eu mantive a confiança no processo de venda de valor. Meu maior teste profissional veio com projetos gigantescos, como a modernização de TI em escolas públicas e a conectividade para a segurança pública nos Jogos Pan-Americanos de 2007. Cada vitória era um tributo à minha visão e determinação, um lembrete de que estava no caminho certo.

Consolidando a abordagem de vendas de valor

Eu e minha equipe transformamos a Motorola Solutions em uma líder de mercado no segmento de plataformas de banda larga sem fio, consolidando a metodologia de vendas estratégicas e conceituais. Já como o *head* de vendas para a América Latina, implementei um programa de treinamento abrangente para equipar a próxima geração de vendedores com a capacidade de entregar verdadeiro valor comercial da solução e da marca. Minha liderança foi redefinida, guiando meus pares, funcionários, distribuidores e revendas através das complexidades do mercado, transmitindo confiança e determinação.

A transformação pessoal

Cada sucesso era celebrado, mas também visto como uma nova responsabilidade. Eu sabia que minha jornada estava longe de acabar. A cada conquista, eu me dedicava mais à educação contínua, buscando novas maneiras de aprimorar minhas habilidades e de inspirar aqueles ao meu redor. Minha busca incessante por conhecimento era um testemunho da minha paixão pela excelência, uma chama que nunca se apagava.

Considero minha jornada um testemunho da força da perseverança e da paixão. De um garoto que sonhava com os gramados, consegui me destacar no campo das vendas e no mundo acadêmico, transformando desafios em oportunidades e sonhos em realidade. Minha história é um convite para todos que buscam transformar o banal em extraordinário, mostrando que, com dedicação e educação, tudo é possível.

Cada obstáculo superado, cada cliente conquistado, era um passo mais perto do meu destino, um destino que esculpi com minhas próprias mãos, com a força da minha determinação e o apoio incondicional da minha família.

18

ACREDITE, VOCÊ PODE!

Nossa vida é um eterno ciclo de altos e baixos, alternâncias entre sucessos e dificuldades. Neste capítulo, o autor compartilha algumas vivências marcantes e, por meio das lições que aprendeu, traz *insights* que poderão ajudar os leitores a superarem seus próprios desafios. Suas histórias, contadas de forma autêntica e de coração, intencionam inspirar, motivar e transformar a vida de outras pessoas!

EMILIANO DOMINGOS DE SANTANA

Emiliano Domingos de Santana

Formado em Administração de Empresas e pós-graduado em Marketing pela Universidade São Judas Tadeu, o paulistano Emiliano é de 1964 e o terceiro dos seis filhos da Sra. Maria e do Sr. Domingos E. de Santana. O pai era um trabalhador operário que se tornou um pequeno comerciante; e a mãe era costureira e se desdobrava entre as costuras e a mercearia para propiciar a educação dos seis filhos. Trabalhando desde os oito anos, passou por diversas empresas nas áreas administrativa e financeira, chegando a assessor e supervisor de tesouraria em uma grande editora. Contudo, foi na área comercial que se redescobriu e rompeu as barreiras para a prosperidade profissional e financeira. Já teve sociedade familiar até abrir uma representação comercial que culminou na sua atual indústria de móveis para escritórios.

Contatos

emilianosantana1964@gmail

Instagram: @emilianosantana1964

LinkedIn: linkedin.com/in/Emiliano-santana-817A4A28/

11 98588 7592

Ainda muito jovem, observava vizinhos e conhecidos que tinham conquistado algo a mais e pensava o que eu deveria fazer para ser como eles. Notei que eram formados e exerciam profissões renomadas. Outros, mesmo sem estudo, tinham pequenos negócios e empresas. Sob esse meu olhar, estive sempre inquieto e buscando maneiras de melhorar meu destino. Trabalhei, estudei e segui carreira em empresas, mas o que queria mesmo era alcançar, com meu trabalho e força de vontade, uma posição social e financeira próspera.

Hoje, sou empresário e tenho uma indústria de móveis para escritórios em São Paulo. Tudo começou quando, ainda garoto, ajudava meu tio em sua mercearia; aos 10 anos eu entregava panfletos; aos 13 era entregador em uma papelaria; aos 14 anos era office boy e, nos fins de semana, ajudava meu pai em duas barracas de jogos em um parque de diversões.

Como office boy, busquei novos aprendizados fazendo minhas funções diárias o mais rápido possível para aprender as tarefas internas. Aprendi bastante, passei por outras empresas até entrar em um banco, onde, no início, tive dificuldades porque tudo era diferente do que já tinha realizado e isso me fez mudar de atitude. Passei a treinar cálculos e datilografia incansavelmente e, em pouco tempo, me tornei o melhor somador e datilógrafo do setor. Terminava minhas tarefas antes de todos e ajudava os colegas. **Meu insight: sempre tenha atitude. O primeiro passo sempre será o seu!**

Essas atitudes me levaram a uma promoção no banco e me trouxeram alguns dissabores, mas que só me fizeram trabalhar e me dedicar ainda mais, aumentando meus conhecimentos e experiências. **Daí veio meu segundo insight: você normalmente será criticado por pessoas que fazem menos do que você; fique atento e siga em frente!**

Segui nesse banco até que sofreu intervenção e foi fechado. Em uma editora, me recoloquei como auxiliar de crédito e lá cheguei a assessor da gerência e supervisor de tesouraria. Estava com 26 anos e, nessa empresa, só tive ótimas experiências e aprendizados que, ainda hoje, me são de muita valia. Mas, com vistas em sonhos e alvos maiores, decidi buscar outras possibilidades.

Minha primeira experiência na área de vendas

Na busca por recolocação, participei de um processo seletivo para o cargo de vendedor, que recusei de pronto por não ter experiência e por ser uma profissão rotulada como de quem não tinha dado certo em nada anteriormente. Falando com alguns amigos vendedores, que aparentavam estar financeiramente bem, resolvi participar do processo com 300 candidatos para 10 vagas em uma gráfica de formulários contínuos. Fui selecionado, aceitei o desafio e, quando contei para minha mãe que seria vendedor, ela não conseguiu esconder a decepção de ter o filho formado e nessa função.

Já contratado, recebi cem clientes e iniciei os contatos com os de maior porte e nenhum deles quis me receber por problemas anteriores havidos. Sem experiência comercial, fui buscando meios para que me recebessem e, pouco a pouco, isso foi acontecendo. Cada cliente reconquistado era uma enorme vitória. Em um deles, um jornal de grande circulação da capital paulista, o comprador não queria ver a empresa nem pintada de ouro. Expliquei tudo e ele me disse: "Olha, Emiliano, entendo você. Sei que está se apresentando da melhor forma, mas não vou comprar da sua empresa nunca mais, mas se quiser passar e tomar um café, sinta-se à vontade". Visitei esse cliente todos os dias para um café. Passados uns dois meses nessa rotina, ele resolveu me dar uma oportunidade de apresentar um orçamento. Ele agradecia, me entregava outro pedido de orçamento, repetindo isso por mais de dois meses sem nenhuma compra, até que, certo dia, ele me disse: "Percebi que você é uma pessoa insistente e muito profissional, por isso vou dar a oportunidade de voltarem a fornecer para nossa empresa". Entregou-me um novo formulário, com demanda de 500 mil unidades e entrega em 20 dias. O pedido foi fechado com a seguinte ressalva: "Estamos contando com você nesse fornecimento com a qualidade e prazos acertados, sob pena de banirmos, em definitivo, sua empresa como nossa fornecedora".

Uma semana antes, ao confirmar o prazo de entrega na filial, fui surpreendido com a informação de não terem recebido nenhuma prova assinada e, portanto, não fizeram nada! Fiquei sem chão! Localizado nosso erro interno, mesmo decepcionado, respirei fundo, liguei para o responsável pela implantação do formulário para explicar o ocorrido e soube que o projeto estava atrasado. Vibrei! Com essa informação, movi montanhas para cumprir o prazo de entrega e conseguimos enviar parte dos formulários via aérea e o restante seguiria por via terrestre. No dia seguinte, fui pessoalmente ao aeroporto retirar a mercadoria. Enchi meu carro com caixas de formulários e fui entregar. Acabei me encontrando com o comprador e lhe contei a seguinte história: a empresa tomou duas providências para atendê-los no prazo, enviando 50% do pedido por avião e os 50% restantes de caminhão, mas, por infortúnio, o avião caiu em cima do caminhão e isso atrasaria a entrega. Ele encarou isso de forma hilária, disse que nunca tinha ouvido uma desculpa tão absurda. Rimos muito e informei que já estava tudo acertado com o pessoal de informática e estava tudo bem. A partir daí, toda semana, fechava bons pedidos com esse cliente até o dia que me desliguei da gráfica.

O insight que trago desse caso é a importância de respeitar os limites e as preferências do cliente. Às vezes, a insistência excessiva, feita de forma agressiva, pode afastá-lo em vez de conquistá-lo. É preciso dar espaço e demonstrar interesse genuíno por suas necessidades, além de agir com paciência, permitindo que ele tome a decisão no seu tempo. Esses são alicerces fundamentais para construir um relacionamento sólido e duradouro e, assim, conquistar sua confiança e fidelidade.

Agora, já com alguma vivência na área comercial, tive outras experiências interessantes trabalhando no ramo de móveis para escritórios. Os produtos tinham muitos atributos e não eram baratos. As estratégias de marketing adotadas eram agressivas e a empresa possuía uma área comercial de primeira linha. Ali muito aprendi e tenho orgulho de ter feito parte de um time de campeões. Comecei atendendo uma região taxada como de baixo potencial e mesmo assim, depois de um período, eu já estava entre os melhores vendedores, junto com os das chamadas regiões *premium*. Além disso, por diversas vezes, estive entre os campeões de vendas. Conquistei muito retorno financeiro e vivi uma fase profissional muito feliz. Foi então que, definitivamente, passei a ter muito orgulho da profissão de vendedor. Eu oferecia soluções para suprir as expectativas e/ou dores de meus clientes, que transformaram seus ambientes com grandes projetos. Naquele período, exercitei um dos maiores aprendizados na minha vida: **"Fazer o cliente descobrir um problema que ele não sabia que tinha e oferecer-lhe a melhor nova solução".**

Entre muitos *cases*, em visita a uma empresa farmacêutica e sabendo da transferência de uma de suas unidades, procurei o responsável pela mudança e apresentei meus produtos. Um deles lhe chamou a atenção pela economia de espaço que proporcionava, vindo ao encontro de um grande problema que ele enfrentava para estocar amostras de remédios. Apresentei o projeto que fiz para sua demanda, explicando como funcionaria o produto e que, além da economia de espaço, ele duplicaria a capacidade de itens armazenados. Após vários questionamentos, ele acreditou no meu projeto e fechou o pedido. Depois de instalado, ele me confidenciou que a ideia foi ótima e que havia economizado ¾ da verba disponibilizada para a mudança, já que alocou todo seu estoque sem necessidade de ampliação do galpão. A partir daquele momento e muito satisfeito com o resultado, ele passou a me indicar para vários outros projetos da empresa e sempre me recomendava para novos clientes, potencializando meus resultados.

O insight que deixo dessa experiência é que investir na satisfação do cliente e na criação de uma experiência memorável pode, além de garantir sua fidelidade, atrair novos clientes por meio do boca a boca positivo e das recomendações. Ao compartilhar sua experiência positiva, ela estará ajudando a construir a reputação da empresa e a atrair novos clientes.

Novos projetos

Foi sempre superando muitos desafios, recuperando clientes, desenvolvendo novos parceiros, ampliando regiões e trazendo resultados diferenciados para as empresas por onde trabalhei e encantando clientes, que vivi minha trajetória de muito sucesso na área comercial. Só que eu queria ainda mais; queria fazer melhor, mais bem feito e, então, decidi usar meus conhecimentos e aprendizados para empreender. Comecei como representante comercial, agreguei revenda de produtos na linha de móveis para escritórios e, nessa fase, fiz o curso do Empretec, potencializando minha veia empreendedora. Estabeleci como meta abrir uma indústria, motivado por todas as oportunidades que via durante as visitas que fazia a meus clientes. Iniciada com arrendamento de máquinas, abri, com dois sócios, uma pequena indústria e passei a vender móveis de aço de fabricação própria. Uma vitória memorável!

Pouco tempo depois, comprei as cotas dos sócios, modernizei a fábrica com novas máquinas para aumentar a produtividade e reduzir custos. Investi em produtos e marketing, e foi um período de grande crescimento. Adquiri um terreno, construí a nossa nova sede fabril, inaugurada em 2013 com 3.500 m² e, em 2017, comprei máquinas para a fabricação de móveis de madeira. Busquei o desenvolvimento de produtos, a ampliação de portfólio e o treinamento comercial para romper novas fronteiras.

Já com a fábrica toda instalada, em funcionamento e os investimentos feitos, finalizamos duas linhas de produtos, catálogos, treinamentos internos, formação e treinamento de montadores. Estávamos trabalhando internamente com a área de marketing para os lançamentos quando formos surpreendidos pela pandemia...

Tínhamos que nos mover rapidamente e, mesmo em meio às incertezas, contratamos uma consultoria para nos ajudar com o departamento comercial.

Simultaneamente, começamos a fabricar e comercializar totens para álcool em gel sem toque das mãos, algo muito importante naquele momento.

Nossa equipe trabalhou muito nessa época. Os totens eram personalizados, o valor agregado, baixo e a quantidade de pedidos, grande. Entre alguns erros e muitos acertos com esse produto, fazíamos fluxo de caixa para manter nosso dia a dia e superar a fase crítica da pandemia, ainda que com redução de carga horária e de salários, adequações e o reinventar diário.

Passaram-se meses e, ainda com a pandemia, que já não se sabia mais quanto duraria, vieram novos desafios, agora com o home office. Escritórios fechando, pessoas trabalhando em suas casas, indefinições para esse mercado...

Ofuscando as incertezas, seguimos desenvolvendo produtos voltados para a nova realidade, pensando no bem-estar dos colaboradores de todas as empresas, com itens e produtos voltados para a linha colaborativa e pufes, sem esquecer a linha tradicional. Atrelada à nova visão, de que as pessoas desejam ambientes diferenciados, nosso mobiliário passou a trazer cores vibrantes, linhas minimalistas, conceitos de biofilia e neuroarquitetura; cabines com propriedades acústicas, para a privacidade em pequenas reuniões e para momentos de relaxamento e descompressão; linhas de arquibancadas; eficientes carregadores de celulares para auditórios, escolas, restaurantes e os mais diversos ambientes, já que o celular é uma realidade incontestável de trabalho, estudo e lazer nas próprias mãos; e lançaremos o e-commerce, com itens colaborativos, corporativos e de decoração para, mais uma vez, crescer em vendas, em faturamento e em lucratividade, dez vezes mais que todos nos desafios anteriores que foram superados.

Hoje, em nova fase de alavancagem, preciso externar que não podemos deixar nos abater por nada e precisamos manter o foco naquilo que queremos conquistar e deixar como legado. Nessa trajetória, é muito importante termos mais do que um simples desejo, a fim de que o sucesso seja menos desafiador. Por isso, recomendo sempre a elaboração de um planejamento estratégico, que deve ser acompanhando com uma lupa, para que se saiba onde você está, onde almeja chegar e quais caminhos vai percorrer. É indispensável que tenha números para tomar as decisões e que estude esse tema com toda a sua atenção e dedicação. Contrate pessoas que saibam mais do que você nas respectivas áreas, dê oportunidades, direcione sua equipe, faça networking e mantenha o relacionamento. Esteja antenado com as mudanças, que são muito rápidas; olhe sempre com o foco do cliente e não no cliente, porque isso poderá mudar muito suas decisões e transformar sua trajetória e, acima de tudo, mantenha-se firme na fé. São esses alguns grandes aprendizados que tive e que deixo como insights para uma trilha de empreendedorismo com maior estabilidade e norte para a tomada de decisões.

SUCESSO!

19

VENDAS INTERNACIONAIS

VENCENDO DESAFIOS CULTURAIS

Vender para outro país não é só "tirar" um pedido na língua local e enviar a nota fiscal para o comprador. Neste capítulo, você vai se deparar com técnicas que são essenciais para vender em qualquer região do globo e vai se aprofundar nos detalhes comportamentais, que marcam, sem generalizar, as diferenças culturais e como o vendedor deve se atentar a isso para ter sucesso em suas vendas.

MANOEL PEREIRA DE MATTOS FILHO

Manoel Pereira de Mattos Filho

Nascido na periferia de São Paulo, vindo de uma família acolhedora, Manoel foi iniciado em vendas desde a infância, sempre acompanhando seu pai nos inúmeros pequenos negócios que a família teve, como um pequeno bar e um minimercado, passando por uma padaria e até uma breve aventura na venda de automóveis seminovos. Ainda que de modo inconsciente, essas experiências foram o pontapé inicial na sua carreira em vendas. Dada sua curiosidade por diferentes culturas, já na vida adulta, morou na Austrália por cinco anos, onde, estudando e trabalhando com pessoas dos mais diversos países, adquiriu uma experiência cultural única, que lhe foi muito valiosa anos depois. Com graduação em Administração de Empresas e MBA em Gestão Comercial, Manoel passou pelos ramos bancário, educacional, cinematográfico, seguros e, nos últimos 10 anos, tem trabalhado em multinacionais de dispositivos médicos. Também atuou na prospecção, capacitação e gerenciamento de distribuidores no Brasil e na América Latina.

Contatos
manoelpmattos@gmail.com
Linkedin: linkedin.com/in/manoel-mattos-33764017/

— Onde você está?
– Estou aqui na esquina.
– Não está, não. Estou aqui na portaria do nosso prédio e não estou vendo você.

Esse foi um diálogo que tive com um dos sócios, um suíço de uma *startup* onde trabalhei há alguns anos. Ele havia me pedido para comprar um exemplar de um jornal, para o qual ele concedera uma entrevista, para apresentar em uma reunião na qual ele iria participar. Quando me perguntou onde eu estava, imediatamente respondi na esquina, mas, como todo brasileiro sabe, não foi uma resposta literal. Eu estava a uns 200 metros da esquina. Ele, por sua vez, com uma interpretação mais exata, replicou imediatamente que não.

O que isso tem a ver com vendas globais? Explico. São diferenças culturais. Nós dois agimos naturalmente, porém cada um dentro da sua realidade. No decorrer deste capítulo, você verá que, além das técnicas de vendas e ótimos exemplos que meus colegas apresentam neste livro, nas vendas internacionais – e por que não dizer regionais, em um país de dimensões continentais como o Brasil –, o conhecimento e a flexibilidade em compreender outras culturas será um facilitador nas suas vendas, para o cliente externo ou interno.

Não meça o mundo apenas pela sua régua. Talvez você deva observar de outro ponto de vista.

O que vou compartilhar a seguir não é um julgamento de culturas, se uma cultura é superior a outra ou dizer que nós, brasileiros, com nosso "jeitinho", no final conseguimos resolver tudo com uma boa dose de improviso (embora isso aconteça algumas vezes!). O foco aqui é como se inserir, se relacionar e fazer negócios com culturas diferentes. Para isso, vou compartilhar algumas experiências.

Vivi

Após alguns anos na Austrália, voltei ao Brasil no final de 2010. No início de 2011, passada a euforia do retorno, era hora de procurar um emprego. Por ter ficado muito tempo fora do mercado brasileiro, percebi que não seria muito fácil conseguir uma recolocação.

Cadastrei-me no Linkedln, que, naquela época, não era tão abrangente como hoje, e me apresentei como consultor. Resolvi me conectar a grupos internacionais dentro da plataforma. Em um deles, encontrei um americano, de ascendência lituana, que tinha uma empresa de consultoria na área de finanças em Paris. Rapidamente, após algumas trocas de mensagem, marcamos uma chamada por vídeo. Depois das devidas apresentações formais, ele foi bem direto ao assunto, apresentando-me sua necessidade. Ele me mostrou uma planilha com as informações de que precisava de várias instituições financeiras do Brasil. Não parecia muito difícil obter aquelas informações, porém eu não conhecia bem aquela pessoa. Será que ele não conseguiria aquelas informações de outra forma? Será que ele estava me testando? Seria uma pegadinha? Talvez um golpista? Como bom brasileiro, fico sempre desconfiado de uma proposta desse tipo. Ainda não estando completamente convencido, resolvi arriscar. Não sabia muito bem como cobrar pelo serviço, então pedi um valor que considerava bom naquela época, porém ele retrucou dizendo que era muito alto e estava pagando para alguns chineses fazerem o mesmo trabalho na China pela metade do preço. Para resumir a história, aceitei por um valor acima do pago aos chineses, alegando o custo Brasil. Passei aproximadamente três semanas fazendo pesquisas na internet e ligando para as empresas que estavam naquela planilha. Ao final, enviei a planilha completa e fiquei pensando: esse cara vai bloquear meu número e sumir no mundo. Como vou cobrá-lo? Por outro lado, nas conversas que tive com ele, aprendi sobre objetividade, negociação e senso de oportunidade. Com ele, não havia muito tempo para fugir do assunto, era 100% *business*. Passadas 24 horas, ele agradece o trabalho e pede meus dados pessoais para a transferência do valor acordado, que seria recebido via Western Union. Como combinado, recebi meu pagamento pelo serviço rapidamente. O que aprendi com isso? Existem diversas formas de fazer negócio, não se limitando à minha região geográfica e cultura.

Medindo o mundo pela minha régua, eu achava que tudo se baseava no que já tinha visto e vivido. Porém, como já dizia Isaac Newton, “O que sabemos é uma gota, o que ignoramos é um oceano”. Passei certo tempo achando que levaria um golpe do gringo, enquanto ele, creio eu, estava apenas pensando no negócio. Alguém vai dizer: "Não se faz nenhum negócio só na base da palavra ou no fio do bigode, como diriam os mais vividos". Contudo, eu estava em uma situação totalmente nova; como iria redigir um contrato de trabalho, reconhecer firma etc.? Se levasse um golpe, iria levar para a Justiça do Trabalho? Era pegar ou largar.

Vendi

Passado algum tempo desde esse episódio e da minha experiência na start-up já mencionada, me deparei com uma oportunidade que seria um divisor de águas na minha carreira. Eu já trabalhava em uma função comercial, porém gostaria de estar na linha de frente, tratando diretamente com os clientes.

Eis que surge uma proposta para executivo de vendas em uma empresa de dispositivos médicos que havia iniciado recentemente suas atividades no Brasil. Não conhecia nada sobre esse tipo de produto, então me lembrei de uma frase do bilionário Richard Branson: "Se você receber uma oportunidade incrível, mas não tem certeza de que consegue fazer, diga sim e depois aprenda como fazer".

Lá fui eu mais uma vez me arriscar rumo ao desconhecido, mas com uma possibilidade de um salto na carreira. Só para explicar, a empresa estava em um estágio inicial e precisava de alguém com atitude comercial, vontade de aprender e que fosse fluente em inglês, já que os diretores não falavam português. Outra coisa: o salário era abaixo da média do mercado. Como queria mudar, aceitei as condições impostas e imediatamente começamos o trabalho.

De início, nos deparamos com o primeiro grande desafio. Eles não conheciam o mercado e a cultura brasileira e eu não sabia nada sobre aquele tipo de produto. Não recomendo que seja assim, mas, no meu caso, o aprendizado já foi direto no dia a dia, sem muito tempo em sala de aula para absorver conhecimento técnico. Gastamos muita sola de sapato, viajamos por muitos estados do Brasil. Muito tempo foi desperdiçado com discussões intermináveis sobre maneiras de trabalhar que funcionam em outros países, mas não no Brasil.

E mais: às vezes temos as diferenças regionais dentro do nosso país que aumentam ainda mais o grau de dificuldade. Faço questão de falar sobre isso, para que o leitor que venha a passar por esse tipo de experiência entenda que, quando se trata de uma venda mais técnica e para um cliente de outra região ou país, a compreensão da cultura local é tão importante quanto o conhecimento técnico. Nesse tipo de venda, nos deparamos com situações em que vendíamos para o cliente final. E isso não só para nós, que inicialmente vendíamos para distribuidores, mas também para os médicos, que têm um conhecimento muito mais abrangente por ter em anos de estudo e pela prática diária no uso dos produtos que vendíamos.

Dito isso, seu início pode ser como o meu, porém não se esqueça de que a sorte não vai durar para sempre e você deve investir em capacitação. Percebi que, além do aprendizado em sala de aula, a aproximação das pessoas, como vendedores mais experientes e médicos dispostos a ensinar, foi de grande valia. A maioria dos desafios que enfrentei não foram questões relacionadas a conhecimento técnico do produto, mas sim questões éticas, relativas a honestidade e confiança. É muito difícil lançar uma marca em um mercado dominado por concorrentes com presença mundial e faturamento na casa dos bilhões; logo, a parceria precisa de uma visão de longo prazo, com raízes sólidas. Sem esquecer que, independentemente da região, país, em mercados novos ou mais maduros, mesmo na simples venda de produtos, a falha na prestação de serviços custou muito caro para alguns concorrentes e foi aí que nós conseguimos, mesmo ainda sendo pequenos naquela época, encontrar oportunidade de negócios, que nos levaram para um outro patamar.

Depois de alguns anos de trabalho naquela função, pude concluir que, além do conhecimento técnico do produto e do domínio das técnicas de vendas, a importância da "venda interna", ou seja, vender ideias para meus colegas e superiores hierárquicos – neste caso, estrangeiros – foi de suma importância na forma e na velocidade que tomávamos decisões, já que havia um conhecimento de ambas as partes em relação às barreiras culturais.

Venci

Após esse período de aprendizado e crescimento, me deparei novamente com um grande desafio. Dessa vez, iria para uma nova empresa, começar, quase que do zero, a distribuição de uma nova linha de produtos para a América Latina. A empresa não tinha ninguém na região, mas já havia feito algum trabalho nela e possuía distribuidores em poucos países. Não havia uma estrutura pronta, clientes e um mercado já conhecido para trabalhar. Eu estava em uma empresa nova, com produtos diferentes e, além do Brasil, iria trabalhar com clientes na América Latina e um dos Estados Unidos que caiu no meu colo.

Quem olha de fora acha que os latinos são um só povo, do México até a Argentina. Não preciso dizer que, de cara, teria algumas dificuldades para me relacionar com cada um desses países. Para criar um pouco de drama para essa história, comecei a trabalhar em fevereiro de 2020; nem preciso dizer o que aconteceu um mês depois. Todo o planejamento inicial foi por água abaixo. Treinamentos, viagens, eventos, tudo foi colocado em espera. Foi um período de muito estresse com noites maldormidas, porém não vou focar nisso. O que precisa ficar entendido nessa nova fase é que eu gerenciava não só relacionamentos entre a matriz e o Brasil, pois, além de me relacionar com a Europa, tinha colegas em Hong Kong e China continental, que possuem grandes diferenças, e nossos clientes no Brasil, com suas dimensões continentais e regionalismos, além dos países da América Latina.

"Você deve entrar onde a piscina dá pé"

A sabedoria dos antigos me foi muito útil no início, quando foquei mais no Brasil, obviamente por já conhecer o mercado, pelas restrições de viagens e para poupar recursos. Agora o jogo era outro: além de receber a estratégia vinda de fora e colocá-la em prática no Brasil, agora deveria aplicá-la também em outros países da América Latina, o que não seria nada fácil, dadas as particularidades de cada país e o momento único que estávamos vivendo no mundo.

Após alguns meses, ainda com muitas restrições em relação às viagens e reuniões presenciais, ter conseguido um cliente no Brasil me deu certa tranquilidade para avançar no trabalho. Porém, essa calmaria durou pouco. Com o aumento da cobrança externa e autocobrança por resultados, me vi em uma situação difícil novamente. Querer fazer várias coisas ao mesmo tempo, ficar atirando em todas as direções... só desperdiça energia e tem pouca efetividade. Por muitas vezes, queria moldar as coisas de acordo com a minha vontade e experiência de negócio, porém ignorando o cerne deste capítulo, que são as relações humanas e suas diferenças culturais.

Além das dificuldades em receber e adaptar a estratégia imposta pela matriz, querer impor isso aos brasileiros e, pior, aos outros países da região, só trouxe mais dificuldades. Com a reabertura dos negócios e maior flexibilização para viagens, pude fazer visitas aos potenciais clientes e passei a desbravar novos territórios. Ainda assim, havia muita resistência em relação ao nosso produto e à empresa. Como todo mundo sabe, não é fácil concorrer em um mercado multibilionário dominado por grandes corporações globais, porém havia algo que eu novamente não havia percebido: as relações humanas.

Bruce Lee, durante uma entrevista em 1971 no *Pierre Berton Show*, disse algo que fez todo o sentido para o que eu estava vivendo naquele momento: "*Be like water*", (Seja como a água).

Ou seja, a água não tem forma definida, ela assume a do local em que está: na chaleira, ela se transforma em chaleira, no copo, ela se torna o copo. Quando a água corrente encontra um obstáculo, ela o contorna. Muito filosófico? Conversa de coach do Instagram? Não sei o que você pensa, mas, para mim, fez todo o sentido. Meu trabalho era vender. Claro, de maneira honesta e dentro da ética, porém porque deveria ser de uma forma engessada, que ora agradava a matriz e desagradava o cliente, e vice-versa. Parece óbvio agora, porém eu não entendia que minha função, além de obviamente vender, era ser um mediador dos interesses e diferenças culturais. Em vez de enfrentar e tentar impor a todo momento, passei a encontrar um denominador comum que fizesse sentido para ambas as partes, e não ser "bonzinho com um lado e carrasco com o outro". Não quero dizer que todos os problemas se resolveram, mas ficou mais fácil negociar em meio a tantas diferenças.

Que venha o próximo desafio!

Para facilitar, principalmente se você estiver pensando em trabalhar ou estiver assumindo uma função em vendas internacionais, ficam aqui alguns conselhos:

- O que é óbvio para um país talvez não seja para o outro.
- Cultura não se impõe, se compreende.
- Algumas culturas são mais formais e outras mais diretas.
- Se for possível, além de aprender outro idioma, procure aprender sobre outras culturas.
- Quando viajar para o exterior, além de fazer o circuito turístico, dentro dos limites de segurança, procure explorar a vida cotidiana daquele país.
- Faça networking com pessoas de outros países, nem que seja apenas pelo LinkedIn.

20

A ARTE DE VENDER JUSTIÇA!

Tão importante quanto vender é agregar um benefício ao cliente. Por isso, nunca venda algo apenas para seu favorecimento. Pense em quem está acreditando nas suas palavras e comprando (ética). Isso garante a fidelização do cliente em futuros negócios e aumenta seu networking. As palavras podem melhorar ou destruir pessoas. Use-as de maneira construtiva e terá sucesso em vendas.

EDUARDO PAULO CSORDAS

Eduardo Paulo Csordas

Nascido em Mauá (SP), iniciou sua vida profissional como empreendedor e, aos 18 anos, já tinha um lava-motos. Recebendo vendedores nesse estabelecimento, começou a sentir uma forte admiração por essa profissão.
Sala de aula nunca foi o seu forte; busca conhecimento nos livros, com outros profissionais e mentores. Tem muito interesse por novidades e gosta de desafios. Sempre trabalhou com foco no resultado e na solução de problemas. É um buscador espiritual, com estilo de vida saudável, e tem como pilar fundamental a família.
Aos 20 anos, iniciou a carreira de vendedor passando por diversos segmentos, desde materiais de treinamento, páginas amarelas, mochiletes, artigos em couro, fornos industriais e, finalmente, em telecomunicações e telefonia celular. Atuou como vendedor até os 33 anos, período em que se formou em Direito e passou a atuar como advogado em causas de maior complexidade, aliando toda sua experiência em vendas à advocacia.

Contatos
csordas.com.br
eduardo@csordas.com.br
Instagram: @eduardocsordas
LinkedIn: linkedin.com/in/csordas/
11 98834 7759

Vender está mais para arte do que para profissão

Quando lembro da minha infância, percebo que sempre tive uma inclinação para a comunicação e novidades. Nasci e fui criado na cidade de Mauá (SP), que no final dos anos 1960 era uma cidade muito tranquila e com poucos habitantes.

Nesse cenário, minha mãe me contava que, aos dois anos de idade, eu já gostava de dar as minhas escapadas e saía sozinho andando pelas ruas, e, por mais que ela trancasse o portão, eu dava um jeito de escapar. Em casa, chamavam-me de FUGITIVO. Geralmente, algum vizinho me encontrava na rua e me levava de volta para casa, contando que eu estava conversando com alguém no caminho.

Lembro também dos almoços na casa da minha avó; quando eu contava os meus "causos" e tentava convencer meus familiares das minhas convicções, eu sempre ouvia dela a seguinte frase: "Tá bom, agora come".

Penso que já nasci com alguns *skills* e percebi essa característica também em outros vendedores, que, na minha opinião, mais se assemelham ao artista do que outros profissionais que estudam por anos a fio para depois desempenhar seu trabalho. Com o vendedor acontece o contrário: ele já nasce com alguns talentos e, depois, ao exercer a profissão, vai se aprimorando e desenvolvendo novas habilidades, que também pode desenvolver com estudo e aprimoramento constantes.

Minha trajetória de empreendedor para vendedor

Quando minha família se mudou para São Paulo, em 1977, eu tinha apenas 12 anos e fiquei fascinado pela energia de uma cidade grande. Na época, já tinha alguns vizinhos que andavam de mobilete, motocicletas, carros rebaixados etc. Decidi que eu queria ter tudo isso. Essa energia me motivou a buscar todo tipo de trabalho, em oficinas mecânicas, fazendo "bicos" em casa, até que, aos 18 anos, consegui empreender junto com um grande amigo, com um "lava-motos", o que foi uma enorme realização para minha idade; naquele negócio eu não conseguia ganhar dinheiro, mas me divertia bastante, principalmente quando atendia alguns profissionais que iam até lá para vender alguma coisa para minha oficina.

Foi o primeiro contato que eu tive com os vendedores; apaixonei-me pela arte de vender e pela simpatia que todos os vendedores tinham, assim como ficava impressionado ao ver como eles reagiam tão bem quando ouviam um "NÃO". Essa experiência me trouxe a resiliência que me acompanha até hoje

Aos 20 anos, vendi o lava-motos e empreendi com mais três sócios em uma empresa de material de treinamento, na qual eu ficaria incumbido de ser o vendedor. Pude exercitar a profissão e aprender muito, mas, por causa de inúmeros desafios que não conseguimos suplantar e, aos 23 anos, decidi sair da sociedade e buscar um emprego de vendedor.

Naquela fase, trabalhando exclusivamente como vendedor, passei por empresas de vários portes, experimentando vender diversos tipos de produtos e serviços, nas modalidades B2B e B2B2C, como anúncios nas páginas amarelas, artigos em couro, equipamentos industriais etc.

Em empresas menores, além de vender o produto ou serviço, também era preciso vender a empresa para o cliente, convencendo-o de que uma empresa pequena e desconhecida teria condições de cumprir o que fora contratado.

E, muitas vezes, a pequena empresa não dava conta mesmo, e era comum vender e ter que atuar na logística e produção. Com isso, desenvolvi uma capacidade muito grande na resolução de problemas.

Foi uma fase muito desafiadora, mas que me trouxe muito aprendizado e me aprimorou para voos maiores na profissão de vendas.

Destaco um aprendizado para a vida toda: ao reclamarmos de uma situação, voltamos nosso olhar somente para o problema. Logo, devemos focar apenas na solução. Sempre evitei pessoas que reclamavam para não me contaminar negativamente.

No mundo temos tudo em abundância, seja o que for! Encontraremos guerras, acidentes, amores, traições, paz, oportunidades etc. Assim, minha opção no campo profissional sempre foi procurar oportunidades e focar na solução de problemas.

Rumo ao ápice em vendas

Aos 25 anos de idade, já havia dentro de mim uma resiliência bem formada, já possuía diversas habilidades para enfrentar o NÃO, já estava acostumado a todos os tipos de problemas, conflitos e desafios, de modo que a minha capacidade de trabalhar sob pressão e resolver problemas chegou em altos níveis!

Além disso, trabalhava facilmente de 10 a 12 horas por dia!

Com toda essa "musculatura psicológica" e força de vontade, bati às portas de uma multinacional de tecnologia alemã, por uma indicação da minha mãe, que na época trabalhava em uma grande empresa que usava essa tecnologia. Modéstia à parte, me saí muito bem na entrevista com o supervisor de vendas, que me contratou no ato. Ele entrou em contato com RH para que providenciassem a minha contratação, dispensando outras etapas de contratação, como testes psicotécnicos, entrevista com psicólogos etc.

Pela primeira vez, eu estava trabalhando em uma empresa multinacional, e o ambiente corporativo me proporcionou contato com grande vendedores e líderes, que foram grandes mestres na minha vida profissional.

Nos anos seguintes em que fui vendedor nessa multinacional, transitei por diversas equipes, vendendo diferentes produtos e serviços, o que me fez conhecer melhor a estrutura da empresa. Até que, no final de 1992, consegui uma transferência para o segmento de atendimento aos revendedores, bem como vendas de produtos no varejo para lojas e magazines. Naquele momento minha vida mudou, pois percebi que a empresa não tinha tradição em vendas para magazines e comecei a fazer um trabalho focado nesse segmento.

Ao mesmo tempo, nossa área de negócios fechou um contrato de distribuição com os dois maiores fornecedores de telefones celulares do mundo. Naquele momento eu não tinha noção de que estaria participando do movimento inicial da telefonia celular no Brasil.

Imagine, caro leitor! Eu, já tendo preparado um trabalho junto aos grandes magazines, agora podia ofertar o melhor celular da época, e, ainda por cima, com a inauguração da telefonia celular em São Paulo, realizei uma venda de UM MILHÃO DE DÓLARES para um grande magazine. Não preciso dizer que foi uma das maiores vendas da história da nossa unidade.

Mas nem tudo foram flores naquele período, pois logo em seguida passamos a ser assombrados por empresas que traziam celulares desse fabricante de modo ilegal, com preços menores que os nossos.

Diante desse fato, minha atitude para contornar essa concorrência ilegal e desleal foi visitar todas as lojas e capacitar os vendedores desses magazines, com estratégias de convencimento, para que seus consumidores fossem alertados e optassem por comprar celulares importados oficialmente.

Enfim, até deixar a empresa, o que ocorreu em meados de 1995, fui responsável por faturamentos enormes, destacando-me entre os vendedores da unidade com ganhos maravilhosos, o que me possibilitou fazer um excelente "pé de meia". Mas, acima de tudo, um sentimento de gratidão, dever cumprido e uma experiência fantástica.

Minha história com essa empresa não ia parar por aí; logo mais detalharei.

Recebi um convite para trabalhar no mesmo segmento como gestor da área de vendas, mas percebi rapidamente que minha vocação era ser vendedor e parti para um novo desafio.

No meu retorno como vendedor, passei a atuar em uma empresa nacional de tecnologia, que comercializava produtos de origem israelense. Esse momento me trouxe grande aprendizado, por ser uma cultura muito diferente das empresas nas quais havia trabalhado.

Concomitantemente eu estava terminando minha graduação em Direito que, aos poucos, foi ganhando meu coração; eu estava muito dividido entre vendas e advocacia.

Aquela multinacional alemã onde tive muito sucesso havia mudado seu regime de contratação, demitindo todos os vendedores e recontratando-os como representantes comerciais. Naquele momento, isso não foi a minha opção, mas, na iminência de me tornar um advogado, abriu-se uma janela de oportunidade, porque me daria a possibilidade de atuar em duas frentes, tanto como vendedor e quanto como advogado.

Um novo grande desafio que vivi, vendi e venci foi refazer toda a minha carteira de clientes junto aos magazines e buscar clientes para o meu escritório de advocacia recém-inaugurado, mas com todo o aprendizado acumulado nesses anos todos em vendas.

Os pilares de vendedor que levei para a advocacia

Algumas pessoas nascem com os dons de se comunicar e negociar, pelo menos eu me sinto assim.

Contudo, o aprendizado adquirido em cursos, treinamentos, mentorias e a própria experiência de vida, com muita sensibilidade e observação, lapidará e aperfeiçoará o profissional.

Não se fala muito sobre isso hoje em dia, mas eu considero primordial ter força de vontade, acordar cedo e trabalhar muito para conquistar seus objetivos, claro que sempre com planejamento e estratégia. Não é só a quantidade de tempo, mas a qualidade desse tempo.

Tão importante quanto a comunicação é saber ouvir seu cliente. Sempre procuro ouvir bastante para fazer um mapeamento de toda a situação do cliente. Antes de dar um palpite ou mesmo decretar um caminho, sempre procuro fazer uma entrevista detalhada com ele para entender tudo o que envolve a situação e depois propor o melhor caminho para a solução que se deseja ou necessita.

Sempre tive uma filosofia na minha jornada profissional: nunca vender nada em que eu não acreditasse e que não fosse necessário. Quando faço uma venda, seja ela um produto, seja uma solução, serviço ou ideia, primeiro imagino o benefício que trará para a pessoa ou empresa que está adquirindo. Com essa atitude de assessorar o cliente para uma experiência satisfatória, sempre me garantiu uma amizade duradoura e excelentes recomendações para outros futuros clientes.

Outro aspecto importante é a lealdade para com a empresa representada ou pela qual somos contratados, procurando nos adaptar às suas regras e à sua cultura, sempre colaborando com sua evolução, em vez de ficar reclamando. Somente quem tem sintonia com a empresa que representa consegue bons resultados em vendas.

Para finalizar, destaco a capacidade do profissional em vendas (mas esta regra vale para qualquer tipo de profissional), que é a capacidade de resolver problemas.

O vendedor ganha muita relevância junto à empresa em que trabalha e com seus clientes quando tem disposição e habilidades para resolver problemas e desafios. Quando efetuamos uma venda, geralmente estamos resolvendo um problema ou desafio do cliente, mas a operacionalização da venda pode gerar alguns contratempos, como atraso na entrega, instalação com algum defeito etc. O vendedor deve estar pronto para interagir e solucionar esses problemas. Isso vai garantir a credibilidade necessária para as próximas vendas.

Quando ainda estava na faculdade, ouvi do meu professor de Filosofia que o profissional do século XXI seria o solucionador de problemas. Essas palavras se entranharam na minha consciência e sempre procurei ter essa convicção quando atuava como vendedor e quando passei a advogar, acreditando que não bastava fazer o que era preciso: o importante era resolver o problema do meu cliente.

Vendendo a justiça no Judiciário!

Como dizem, o advogado é o primeiro juiz da causa. Dentro desse princípio, não consigo atuar em uma causa pela qual não me apaixone e não me inspire, para literalmente vender o direito do meu cliente perante o Judiciário.

Muito embora todos tenham o direito à defesa, procuro ser muito cauteloso ao aceitar um contrato com um cliente que não tenha razão em seu pleito ou que esteja desejando algo impossível. Sempre procuro orientar o cliente sobre os prós e contras em uma consultoria jurídica ou mesmo no processo.

Minha vivência em vendas colabora muito para essa minha visão e atuação, pois uso muito as minhas técnicas de negociação na atuação jurídica, quer seja para convencer o juiz que meu cliente tem razão, quer seja buscando um acordo entre as partes.

Da mesma maneira que ficamos diante do comprador, ou seja, da pessoa que tem o poder de decisão de comprar um produto ou não, na Justiça temos o juiz de Direito, que tem o poder de deliberar a decisão, a favor do meu cliente ou não.

Mas não é só no Judiciário que o advogado atua. Parte do meu trabalho consiste em reuniões com a parte contrária tentando evitar um processo judicial e buscar uma composição, ou mesmo em reuniões para discutir um contrato, em que aplico minha experiência de vendedor buscando a melhor negociação para meu cliente.

No Judiciário temos um princípio de que mais vale um mau acordo do que uma boa briga. Vale mais a pena deixar de lado a arrogância de querer estar sempre certo, e dar passagem a estratégia, humildade e perseverança para atingir seus objetivos. Dessa maneira, após atuar como advogado há mais de 25 anos, mais do que nunca, sinto-me um vendedor!

21

MINHA MARATONA EM VENDAS

Neste capítulo, compartilho minhas experiências e aprendizados no mundo das vendas em um mercado predominantemente masculino. No final dos anos 1990, o termo sororidade, ou seja, o compromisso de empatia e companheirismo entre as mulheres, ainda era pouco conhecido, mas a coragem e a aceitação foram meus guias na busca pelo sucesso e para superar os desafios ao longo da trajetória.

PATRÍCIA VILHENA MOLINARI

Patrícia Vilhena Molinari

A segunda filha de Almerinda e Pedro Paulo nasceu em Belém (PA). Ela se formou em Engenharia Química pela FEI em 1985. Em seguida, fez uma especialização em Administração Industrial na Fundação Carlos Alberto Vanzolini (1990) e um MBA Executivo na Business School (2006). Começou sua trajetória em uma empresa familiar de prestação de serviços em proteção anticorrosiva. Posteriormente, ingressou na International Paints/AkzoNobel, onde construiu uma carreira técnico-comercial. Com mais de 35 anos de atuação no segmento de tintas industriais, é reconhecida por sua determinação, ambição e comprometimento. Ao final de 2021, encerrou as atividades no mundo corporativo como diretora comercial da Sherwin-Williams do Brasil, divisão de tintas anticorrosivas. Hoje, continua a realizar seus sonhos, usando a corrida de rua como sua principal ferramenta.

Contatos
pativilhena@hotmail.com
LinkedIn: linkedin.com/in/patricia-vilhena-67650b2/

Descobrindo o mundo

A curiosidade e o espírito aventureiro me acompanham desde a infância. Eu ansiava por conhecer lugares, pessoas e culturas diferentes. Observando o trabalho do meu pai, que atuava em várias regiões, desbravando o Brasil, percebi que havia um vasto mundo a ser explorado.

Queria escolher uma carreira que me desafiasse, permitisse expressar minha personalidade e, acima de tudo, me fizesse feliz. Inspirada pelo exemplo dele, decidi cursar Engenharia. Afinal, essa área abrangente e flexível prometia inúmeras oportunidades futuras.

Na época de minha graduação, agosto de 1985, nosso país vivia uma profunda transição política e econômica, abandonando um longo período de ditadura militar (1964-1985). Foi então que uma porta se abriu: ingressei na área de Gestão da Qualidade em uma empresa familiar, nacional e especializada em prestação de serviços para proteção anticorrosiva, a Hernandes Anticorrosão e Pinturas Ltda. A cada projeto, a cada inspeção, me sentia parte de algo maior, contribuindo para a durabilidade e segurança das estruturas. A pintura industrial se tornou minha paixão, e eu sabia que estava no caminho certo.

Em 1988, participei no primeiro curso para Qualificação de Inspetor de Pintura Industrial-Nível 1, promovido pela Abraco (Associação Brasileira de Corrosão) e pela Petrobras. Naquela turma pioneira, fui a única mulher. Esse evento não apenas ampliou meus conhecimentos, mas também demonstrou que a determinação e a coragem podem abrir portas em um campo predominantemente masculino. Meus colegas de turma e os professores eram todos profissionais experientes e totalmente inseridos no mercado de proteção anticorrosiva. Foi profundamente gratificante poder aprender com eles, construir uma sólida rede de relacionamento e iniciar minha trajetória de conquistas.

Receber meu certificado das mãos do então presidente da Petrobras, Ozires Silva, foi transformador, e atuar como inspetora de pintura industrial foi uma experiência incrivelmente desafiadora e recompensadora.

"A única constante é a mudança."
(Heráclito de Éfeso)

Em busca do sucesso

No final dos anos 1980 e início dos anos 1990, o cenário não poderia ser mais desafiador. Minha responsabilidade era realizar inspeções de pintura industrial em situações diversas, por exemplo, em tanques de armazenamento de produtos derivados do petróleo. Essa tarefa peculiar me rendeu uma série de apelidos. Naquela época, era conhecida como "bicho de goiaba". O apelido carinhoso surgiu porque eu entrava em todos os lugares, explorando cada canto e fresta dos tanques para garantir que a pintura estivesse impecável. Os encarregados e pintores com quem trabalhei em uma das obras me chamavam assim.

Em outras ocasiões, podia ser como a "tiazinha", a personagem de programa de auditório, sempre com um chicote nas mãos. Esse apelido refletia minha postura firme e assertiva ao supervisionar o trabalho dos pintores. Também era o "grilo falante", a voz da consciência que apontava se o serviço estava bem-feito ou não.

Esses momentos moldaram minha base de conhecimento e aprendizado, além de me ensinarem a transitar em universos tão distintos.

Atuar em um ambiente essencialmente masculino teve um impacto significativo em meu comportamento. Fui forjada no ferro, como destacou um grande mentor e querido colega de trabalho anos depois. Hoje, compreendo plenamente o que ele queria dizer. Essa jornada na inspeção de pintura industrial me tornou resiliente, adaptável e apaixonada por minhas atividades.

Apesar dos desafios, eu encontrava felicidade no meu ofício, pois estudava e aprendia na prática sobre temas extremamente técnicos e importantes.

Minha transição para o que era conhecido como engenharia de vendas na época foi incrivelmente positiva. Nada se comparava à sensação de estar junto ao cliente, capturando um retrato do momento e propondo alternativas de proteção com base nas necessidades específicas e no tempo desejado. Essa posição era o equilíbrio perfeito entre o técnico e o comercial, permitindo-me interagir com os clientes sem a responsabilidade direta de efetuar vendas.

Nessa etapa, já estava profundamente envolvida com os clientes. E então aconteceu algo que eu jamais poderia imaginar. Uma colega de trabalho havia elaborado e estava acompanhando todo o projeto da especificação de pintura para um cliente estrangeiro (fabricação e pintura para carregadores de navios). O responsável pelo cliente solicitou uma reunião com a chefia dela para discutir os detalhes técnicos.

E lá estava eu, pronta para a reunião. Ao entrar na sala, fui recebida com um olhar surpreso e um comentário que ecoou em minha mente: "Ah! Mais uma mulher...". Sim, éramos duas mulheres, imersas em uma discussão técnica sobre a proteção mais adequada para os carregadores de navios que a empresa estava construindo no Brasil. Naquele momento, percebi que estávamos desafiando estereótipos arraigados na indústria. Éramos mais do que apenas "mais uma mulher". Éramos profissionais apaixonadas, embasadas em conhecimento sólido e determinadas a fazer a diferença. Afinal, a proteção desses ativos industriais não conhece gênero. Ela exige expertise, análise minuciosa e comprometimento.

Essa experiência moldou minha perspectiva e fortaleceu minha convicção de que o talento e a competência não têm gênero. Somos engenheiras, inspetoras, líderes e, acima de tudo, agentes de mudança. E, naquele dia, naquela sala de reuniões, mostramos que as mulheres têm um lugar fundamental na indústria, independentemente dos estereótipos que possam surgir.

Em meados de 1993, uma oportunidade inesperada surgiu: a chance de me tornar gerente de vendas regional. Essa proposta me tirou da zona de conforto, mas a abracei com determinação e dedicação.

Apesar de sempre estar imersa em um contexto predominantemente técnico, aceitar o desafio de atuar como gerente de vendas foi uma decisão renovadora.

A responsabilidade de liderar uma equipe trouxe consigo obstáculos, mas também uma sensação profunda de realização e crescimento.

Durante minha trajetória, deparei-me com barreiras internas que precisavam ser superadas. Lembro-me de ouvir de colegas de trabalho que minha equipe e eu tínhamos sucesso por sermos mulheres, insinuando que conquistar clientes era mais fácil para nós. Essa realidade era dolorosa, mas acredito que cada obstáculo fortalecia meu propósito.

Ao longo da minha carreira em vendas, acabei desenvolvendo uma liderança pragmática.

Baseava-se em uma abordagem realista, focada em resultados tangíveis. Como uma típica virginiana, minha natureza perfeccionista e detalhista me impulsionava a manter um alto nível de organização. Talvez seja por isso que inspirei uma imagem forte, até imponente, nas pessoas que fizeram parte das minhas equipes.

A jornada moldou minha resiliência e me ensinou que, independentemente do gênero, o sucesso é conquistado com competência, dedicação e paixão pelo que fazemos. E, ao enfrentar esses desafios, forjei uma liderança que transcende estereótipos e se baseia na busca incansável pela excelência.

Foram vários aprendizados extraídos de derrotas e celebrações de vitórias. Entre essas conquistas, uma em especial enche meu coração de orgulho: a venda realizada para um estaleiro que estava reformando quatro cascos de navios, destinados a se transformarem em plataformas flutuantes de petróleo, comumente conhecidas como FPSOs (*floating production, storage and offloading*).

Nossa missão era assegurar o fornecimento das tintas específicas para a proteção anticorrosiva desses ativos. A expectativa era ambiciosa: uma vida útil superior a 20 anos. Esse projeto fazia parte do plano estratégico de desenvolvimento e crescimento da Petrobras na área de Óleo e Gás offshore, com objetivo de aumentar a capacidade de produção e armazenamento de derivados do petróleo extraídos em águas profundas.

Nessa conquista significativa, mais uma vez, uma mulher desempenhou um papel fundamental. Minha colega de trabalho Daniele Silva merece todo o reconhecimento. Com dedicação incansável, ela assegurou o sucesso dessa venda.

Daniele, a quem tenho orgulho de chamar de amiga, enfrentou comigo todas as jornadas das viagens à China, Coreia e Japão. Juntas, trabalhamos incansavelmente para deixar os clientes satisfeitos e cumprir nosso compromisso. Essa experiência reforçou a importância da colaboração e do comprometimento.

Além disso, não posso deixar de mencionar o apoio essencial de toda a estrutura técnica da empresa e o suporte dos diversos departamentos envolvidos no processo. Desde a produção dos produtos até a entrega final, cada elo dessa corrente contribuiu para o nosso sucesso. Essa história é um testemunho da força das mulheres na indústria e da capacidade de superar desafios quando trabalhamos juntas.

> "O que importa na vida não é o mero fato de termos vivido. A diferença que fizemos na vida dos outros é o que determinará a importância da vida que levamos."
>
> (Nelson Mandela)

Aprendizado: rumo ao topo

Em torno de 2008, eu estava profundamente envolvida na área de vendas, o que implicava muitas viagens nacionais e internacionais. Sempre pratiquei atividades físicas e estava tendo dificuldade em realizá-las em função da correria do dia a dia. Por intermédio de um colega de trabalho, fui apresentada a uma empresa de assessoria esportiva de corrida e assim começou mais uma paixão: a corrida de rua.

Curiosamente, tal como meu início em vendas, eu não era uma grande entusiasta desse esporte, mas percebi que era uma atividade que conseguia praticar em qualquer lugar do mundo.

A relação entre o papel do vendedor e o corredor é sutil e interessante. Assim como um corredor se prepara para enfrentar diferentes distâncias, como 5 km, 10 km, meia-maratona (21 km) ou maratona (42 km), um vendedor também precisa de estratégias e técnicas bem definidas para alcançar o sucesso.

Aqui estão algumas dicas aprendidas ao longo dos anos em vendas:

- Planejar e analisar todas as situações.
- Lembrar sempre que o entendimento e a gestão de pessoas são fundamentais. Não somente pela sua equipe, por colegas de trabalho, mas, sim, principalmente, pelo seu cliente. Esteja pronto a ouvir a voz do seu cliente e transforme sua necessidade no resultado a ser alcançado.
- Construa um relacionamento de base sólida, fundamentado em respeito e confiança. E nunca menospreze sua intuição.

Em minha visão, nada irá ocorrer se não fortalecermos habilidades como comunicação, empatia, conhecimento do produto e/ou serviço, construção de relacionamento de confiança.

Ao reler o parágrafo anterior, percebo que esses princípios se aplicam também à corrida.

O caso de sucesso de vendas que tivemos com o projeto da Petrobras foi construído com base na persistência e consistência. Tal como um corredor que treina regularmente para fortalecer seus músculos e resistência, um vendedor deve ser consistente em suas abordagens e seguir um plano com dedicação.

Nas corridas e nas vendas, um bom planejamento é essencial. Um corredor traça sua rota; um vendedor, sua estratégia de abordagem. Corredores fazem treinos intervalados para melhorar sua velocidade. Analogamente, vendedores devem realizar treinamentos específicos para aprimorar suas habilidades de negociação e fechamento.

No contexto do projeto para a Petrobras, buscamos aproveitar toda experiência disponível dentro da empresa. Participamos de workshops e grupos de trabalho com colegas do mundo inteiro, adquirindo conhecimento para enfrentar nossa batalha técnico-comercial e assegurar o projeto.

Assim como um corredor se hidrata e se alimenta adequadamente para manter a energia durante a corrida, um vendedor deve nutrir seus relacionamentos com os clientes e manter-se atualizado sobre as necessidades do mercado. Experiência, treinamento e autodesenvolvimento são essenciais para formar um corredor ou vendedor eficaz. É fundamental aprender a se comunicar, motivar, tomar decisões e, principalmente, trabalhar em equipe. Esse aprendizado também proporciona uma oportunidade para compreender e estudar os clientes, permitindo definir a melhor abordagem durante as negociações com cada um. Precisamos desenvolver, constantemente, nossa capacidade de adaptação para gerar a autoconfiança e motivação aos integrantes de nossas equipes e em nossos clientes.

Corredores sabem que o descanso é crucial para evitar lesões. Vendedores igualmente precisam de momentos de pausa para recarregar e refletir sobre suas estratégias. Às vezes, uma batalha é perdida por um detalhe; portanto, vale a pena dar uma pausa e reavaliar a estratégia, ouvir opiniões distintas.

Da mesma forma que um maratonista cruza a linha de chegada com determinação, um vendedor bem treinado alcança seus objetivos com estratégias sólidas e foco.

Agradeço a todos os que, ao longo da minha jornada, cruzaram meu caminho e permitiram que eu chegasse até este momento. Tenho orgulho do que fiz, mas sei que ainda tem muito pela frente. Minha vida é uma maratona, e eu não quero parar de correr.

22

A EVOLUÇÃO DE UM ENGENHEIRO PARA EMPREENDEDOR

Conheça, neste capítulo, o caminho de transformação que levou um experiente profissional técnico em uma multinacional a se reinventar como empreendedor em uma reviravolta impulsionada pela resiliência. As experiências, os desafios e aprendizados ao longo dessa trajetória são compartilhados por meio de dicas valiosas, destinadas a orientar os novos desbravadores nesse envolvente universo empresarial.

MARCELO VIEIRA

Marcelo Vieira

Pai de Fernanda e Laura, casado com Vanessa, uma família que o apoia a cada vez que se propõe um novo desafio. Filho de Walter e Neube, referências em sua trajetória profissional e crescimento pessoal. Seu esporte favorito é o *mountain bike,* que o ajuda a manter mente e corpo equilibrados. Engenheiro eletrônico, mestre em Inteligência Artificial pela USP, pós-graduado em Marketing e Certificação em Liderança Executiva pela Universidade de Pittsburgh. Com mais de 20 anos de experiência em multinacionais na liderança de pessoas, gestão de projetos, PM de lançamentos de produto e e-commerce, morou e trabalhou em Chicago (EUA), México e países da América Latina. Atuou também em diversos segmentos como professor, consultor de projetos em multinacionais, start-ups na área da saúde, mentoria em ONGs e gestão de *facilities*. A incursão como empresário resultou na criação de uma solução para gestão em diversos setores, como condomínios e hotelaria.

Contatos
marcelovieira720911@gmail.com
LinkedIn: linkedin.com/in/MarceloVieira11/

Marcelo Vieira

Antes de compartilhar um pouco sobre minha jornada empreendedora, gostaria de me apresentar: sou Marcelo Vieira, natural de São Carlos, interior paulista. Embora tenha vivido em São Paulo até os oito anos, passei o restante da infância até minha formação em Santos. É um prazer conhecê-lo, prezado leitor.

Sempre curioso em descobrir como as coisas funcionam, cursei Engenharia Elétrica com ênfase em Eletrônica e, entre algumas opções, escolhi estudar em Santos.

No último ano da graduação, estudei inteligência artificial e redes neurais que, na época, eram mais exploradas na parte acadêmica e robótica. Após a formatura, graças a meus pais, fiz mestrado em Inteligência Artificial na USP em São Carlos, o que acabou abrindo um horizonte na parte de pesquisa, pois já tinha publicado mais de seis artigos em revistas internacionais e nacionais na área, como IEEE.

Na minha trajetória profissional, transitei por diversas empresas de desenvolvimento de software até chegar à área de telecomunicações. Comecei essa jornada na empresa japonesa NEC antes de abraçar uma nova oportunidade na americana Motorola, na qual permaneci por 20 anos.

Foi nela que, pelo meu conhecimento e esforço, participei do programa de expatriado, morando nos Estados Unidos por mais de um ano. Também trabalhei e morei no México, além de liderar vários projetos em países da América Latina e na China.

Tive a oportunidade de liderar pessoas, gerenciar diversos times para lançamentos de produtos, em que atuei como gerente de projeto (PM). Assumi a parte técnica de e-commerce para o Brasil e a América Latina, na qual me envolvi em todas as áreas de uma empresa multinacional, desde as partes de vendas, técnica, marketing, financeira e operacional até chão de fábrica, o que me proporcionou um vasto conhecimento em diversos segmentos de uma empresa.

Foi após sair da empresa que a mudança de 180º foi impulsionada e, durante três meses, com ajuda de empresa de consultoria, conversas com amigos de diferentes áreas e família, decidi seguir um caminho diferente do plano original de me formar e ingressar em uma grande multinacional até a aposentadoria.

Foi então que comecei a VENDER, não produtos, mas sim minhas *skills*, conhecimento e experiências, por meio de consultoria. Essa foi minha primeira experiência real em vendas, o que me ajudou e continua ajudando a me conhecer melhor, entender minhas capacidades e buscar constantemente melhoria pessoal e profissional.

Iniciei oferecendo consultoria em gerenciamento de projetos e e-commerce para lançamento de plataformas na América Latina em empresas multinacionais. Depois, como consultor, parti para novos segmentos, como cartórios, empresas terceirizadas de mão de obra para condomínios, hotelaria, síndicos profissionais e administradoras de condomínios, além de participar na criação e no lançamento de start-ups nas áreas da saúde e tecnologia.

Essas experiências me auxiliaram a identificar uma oportunidade tecnológica para gestão e automação de atividades, ocorrências, pessoal, entre outros pontos na área de gestão condominial e hotelaria.

Foi aí que nasceu um novo empreendedor, com outro desafio pessoal e profissional, que levou em conta a equação a seguir:

$$\frac{\text{(Amor pela tecnologia + Experiência + Oportunidade)} \times \text{Necessidade de mudar}}{\text{(Investimento + Primeira vez/riscos)}}$$

Engajamento e observação: chaves para identificar oportunidades de negócio

Foi observando o dia a dia dos negócios dos diversos clientes, em especial em gestão condominial e hotelaria, que identifiquei as oportunidades e as traduzi nas seguintes necessidades que meu produto deve resolver:

- **Automação**: não possuem automatização dos serviços.
- **Padronização e processo**: falta de diretrizes claras.
- **Tecnologia**: pouco acesso a tecnologia e recursos com experiências para desenhar os requisitos e a solução técnica.
- **Governança**: acompanhamento de perto das tarefas e ocorrências, análise dos dados e treinamento.
- **Atendimento**: atendimento mais perto do cliente.
- **Soluções**: customizadas e de baixo custo.

Com as **necessidades = oportunidades** identificadas, comecei a desenhar o produto a ser desenvolvido, requerimentos, tecnologia, potenciais clientes, de que forma divulgar, como seria o atendimento ao cliente, custos e preço final, entre outros tópicos que vou detalhar mais à frente.

Podemos dizer que a abertura de uma empresa foi impulsionada para poder mostrar que nosso negócio não é uma solução de profissional autônomo e, sim de uma empresa estruturada e pronta para crescer no mercado.

Mesmo que internamente saibamos que poucas pessoas fazem tudo, é assim que se inicia uma start-up com investimento familiar. Mas com as principais características de uma empresa estabelecida: vendas, site, marketing, contabilidade e desenvolvimento.

Compartilhando minha experiência

Concentre-se no problema e na solução

Encare os problemas como oportunidades para avançar. Durante a concepção da solução e aplicativo, precisei confirmar se os problemas que estou tentando resolver realmente fazem sentido. Para isso, adaptei os cinco "por quês" para mapear a causa raiz do problema.

Problema: as atividades não estão sendo realizadas, não estão no prazo e não sabemos quanto tempo levam para serem concluídas. Os problemas encontrados não são reportados, não possuem registros e provas de que foram corrigidos. Minhas manutenções preventivas estão sendo feitas?

- **Por que as atividades não estão sendo realizadas e nos prazos definidos?** Porque não existe um processo, uma gestão; o processo não é eficiente ou falta treinamento e clareza nos detalhes das atividades e prazos.
- **Por que os problemas não foram reportados ou registrados?** Porque não existem ferramentas implementadas para automatizar o processo ou foram usadas ferramentas inadequadas, como WhatsApp e e-mail.
- **Por que não tenho os registros da solução dos problemas?** Porque não existe um processo para registrar as soluções nem ferramentas aplicadas para automatizar esse processo.
- **Por que não sabemos se as manutenções preventivas estão sendo realizadas?** Porque muitas vezes não há conhecimento e processos de quais manutenções devem ser feitas e, mesmo que existam, faltam ferramentas para automatizar, executar e registrar as manutenções.

- **Por que não há registros disponíveis sobre as atividades e ocorrências?** Porque muitas vezes existem documentações em Excel desatualizadas, mas não há acompanhamento de execução nem um sistema integrado para gestão das ocorrências.

Observei, após aplicar a técnica dos cinco "por quês", que existe uma falha principal: **gerenciamento ineficiente das atividades, ocorrências e manutenção.**

Identificação das necessidades do projeto

Após identificar os problemas = oportunidades que vou resolver, descrevo rapidamente as necessidades do projeto e como vou atacar cada ponto de maneira objetiva e simples, de modo que possa desenvolver uma solução rápida, com um custo adequado e que atenda ao cliente final.

Público-alvo e tomadores de decisão

Identifique não somente seu público-alvo, mas também os tomadores de decisão que vão contratar seu serviço, as pessoas que utilizaram sua solução e os responsáveis pela gestão das informações.

Divido meu público em:

- **Usuários do sistema**: com base neles, você vai definir a maioria das estratégias de usabilidade do aplicativo e sistema.
- **Clientes finais e tomadores de decisão**: eles vão influenciar na parte de relatórios, resumos gerenciais e indicar os principais *key selling points* do produto e potenciais mercados de negócio.
- **Equipe técnica**: para meu projeto, no início eu mesmo fazia a parte técnica, financeira, as vendas etc. Depois, levei em conta quais funcionalidades e usabilidades o sistema deveria ter para auxiliar no *setup* para lançamento de cada cliente, a fim de atender ao máximo de clientes no menor tempo possível, já que, no começo, tempo é crucial para ter entrada de dinheiro na empresa.

Um grande diferencial em relação aos concorrentes foi a simplicidade de uso do aplicativo. Levamos em consideração o grau de instrução das pessoas e o quão familiarizadas estão com a utilização do celular e aplicativos. Realizamos entrevistas para ajudar a entender nosso público, pois são eles que avaliaram positivamente ou não a solução.

Identificar quem são meus clientes

Liste os possíveis locais para implementar a solução e categorize-os para facilitar as estratégias de vendas, marketing e técnica. O foco principal é na área hoteleira e condominial, mas é importante listar os principais clientes em comum e priorizar na definição do produto viável mínimo (MVP) para atendê-los.

Exemplos de clientes:

- **Hotelaria**: hotéis, pousadas.
- **Condomínio**: síndicos, condomínios, administradoras condominiais e associações.
- **Empresas prestadoras de serviços**: terceirizadas de mão de obra, empresas de manutenção de elevadores, bombas e demais que prestam serviços em empresas.
- **Outros**: escolas, hospitais, Airbnb etc.

Quais são os benefícios da solução?

Identificar os ganhos da solução em cada área é vital, mesmo que não seja imediata a associação com redução de custos ou ganho monetário. Quando a solução claramente proporciona redução de custos ou aumento de ganhos, é mais fácil explicar e vender. No meu caso, os benefícios não são imediatos, pois implicam mudanças de processos, automatização e monitoramento para analisar oportunidades de ganho ou redução.

É necessário passar a usar a solução para identificar se haverá ganhos, redução ou somente modernização, automação, padronização e ser um diferencial de mercado.

Possíveis benefícios observados incluem:

- Empresas que adotam a solução se destacam em propostas e licitações graças à tecnologia moderna.
- Redução de custos: condomínios, hotéis, entre outros, onde conseguiram gerar estatísticas dos problemas e atuar de modo mais eficiente, identificar horas trabalhadas e reduzir o quadro de funcionários e casos jurídicos, nos quais o sistema contribui com informações por colaboradores.

Existe uma solução similar disponível no mercado, mas o que diferencia o meu produto dos concorrentes?

Realize uma pesquisa nas lojas do Google, da Apple e na internet por soluções semelhantes. Pergunte para seus contatos nos diversos segmentos para obter informações.

Identifique seus concorrentes, anote os principais pontos e agende apresentações para entender melhor. Liste os pontos em comum, as vantagens dos concorrentes e as inovações que você oferece, essenciais para o processo de vendas e marketing.

Feedback de amigos e profissionais da sua rede de contatos

Ativei minha rede de contatos para obter feedback sobre minha proposta de negócio na abertura de empresa. Validei a ideia com potenciais clientes e recebi feedbacks positivos quanto negativos.

Com os feedbacks positivos, adaptei a solução e obtive dicas sobre vendas, presença de mercado, precificação, entre outros aspectos.

Ah! Sobre os negativos, assumi alguns riscos, pois acreditava no que estava desenvolvendo. Isso me ajudou muito a estar preparado para argumentar sobre eles no futuro.

Partir para o desenvolvimento

Agora que você está de posse das informações e ideias necessárias para desenvolver, seguem algumas dicas antes de iniciar.

- Definir o requerimento com a visão global e depois determinar uma versão MVP.
- Identificar as empresas e desenvolvedores que podem criar essa solução.
- Levantamento dos investimentos para desenvolver a solução. Quantos anos para se pagar? Qual o valor que você vai cobrar pela solução? Qual o modelo de negócio?
- Levantar a estratégia de marketing e divulgação.
- Responsabilidades.

Propostas e contratos comerciais

Embora clichê, formalizar propostas e contratos é fundamental, especialmente em mercados nos quais assinar contratos é complicado.

Dica: não economize ao buscar um advogado para ajudar na escrita do contrato e na revisão das sugestões de mudanças ou nos casos em que a empresa exige o uso do contrato dela.

Pesquise contratos semelhantes de serviços de software na internet ou com amigos empresários. Faça um rascunho para o advogado finalizar. Utilize sistemas de assinatura digital para agilizar o processo e evitar a troca física de documentos.

Investimento na ferramenta

Saber quando parar de investir é fundamental. Aqui vão algumas dicas:

- Ouça os clientes. Se eles não utilizam a ferramenta com frequência ou estão insatisfeitos, talvez esteja na hora de reavaliar.
- Avalie se ela ainda atende aos objetivos.
- Monitore o desempenho e compare-o com os custos.

Dizer "não" ao cliente

Dizer "não" pode ser difícil, mas é necessário para manter o foco e a eficiência. Algumas dicas:

- Analise cuidadosamente o pedido do cliente. Às vezes, o que parece uma necessidade específica pode ser resolvido de outra maneira.
- Explique o motivo, caso algo esteja fora do escopo ou não seja viável.
- Ofereça alternativas.
- Se houver custos adicionais, seja transparente. Eles podem decidir se a funcionalidade extra vale a pena.

Planejamento de releases

Planeje seus releases estratégicos. Avalie impacto *versus* esforço, priorize as funcionalidades mais importantes e concentre-se nelas.

Registre o nome do produto

Se você chegou a desenvolver um aplicativo, verifique se o nome dado não existe no mercado. Após isso, registre o nome para que não tenha problemas de plágio. No meu caso, fiz o processo pelo Instituto Nacional da Propriedade Industrial (INPI).

Com isso nasceu nossa empresa e principalmente nosso produto, Check4Us.

23

ENGENHARIA DE VENDAS

Se você já pensou que vender é fácil e que o "vendedor" só quer empurrar produtos para quem não quer comprar, leia este capítulo e explore comigo os métodos e as estratégias que aprendi e desenvolvi para entender como entregar soluções necessárias de forma consultiva. Descubra, assim como eu, que vender pode ser desafiador, mas seguir uma metodologia adequada gera resultados.

WALLACE RODRIGUES

Wallace Rodrigues

Mineiro e apaixonado por tecnologia, desenvolvimento pessoal e profissional. Graduado engenheiro de telecomunicações pelo Inatel há 30 anos, entusiasmado por tecnologias voltadas aos negócios dos mercados de TI e telecom. Especialização em infraestrutura de TI/Telecom, segurança da informação, proteção de dados e serviços gerenciados. Passou por empresas como Ziva Tecnologia, Sonda IT e FiberHome. Hoje é *senior account manager* no Grupo Binário. Tem mais de 18 anos de atuação na área comercial e no desenvolvimento de negócios, clientes e parcerias. Elabora projetos em telecom, banda larga, infraestrutura de TI, datacenter, Wi-Fi com IA, *smart cities*, segurança da informação e videomonitoramento. Autor do capítulo "Vivendo a tecnologia", do livro *Soft skills: habilidades do futuro para o profissional do agora - Vol. 2*, da editora Literare Books International (2021).

Contatos
wallace.wanderley@gmail.com
LinkedIn: linkedin.com/in/wallacerw/

Acredito muito na importância de as empresas se manterem atualizadas tecnologicamente para poderem focar no ramo de negócio para o qual foram criadas. É consenso que as que não estiverem cuidando de sua infraestrutura tecnológica, segurança cibernética e ferramentas de produtividade gastam muito tempo e dinheiro em temas fora de seu conhecimento.

Trabalho para que essa etapa seja mais fácil e descomplicada, permitindo que o dono/CEO/gestor tenha rapidez na tomada de decisão e torne sua empresa produtiva com a otimização do seu time de especialistas nas tecnologias necessárias. Meu objetivo é ajudar os clientes a encontrarem soluções tecnológicas que impulsionem seus negócios.

Sou mineiro, fruto de uma criação tradicional em Ipatinga. Para cursar a faculdade, mudei-me para uma cidade a 612 quilômetros de distância. Tinha por volta de 18 anos e aquela situação me colocou fora da minha zona de conforto. Não foi fácil, mas aprendi como lidar com as pessoas e despertou o início do meu desenvolvimento pessoal e profissional.

Habilidades como negociação, persuasão e inteligência emocional foram inicialmente desenvolvidas na ocasião que morei em Santa Rita do Sapucaí, dividindo casa, necessidades e interesses com outras pessoas.

Comecei a aliar o estudo técnico com textos sobre relacionamento interpessoal. De alguma maneira, sabia que isso seria essencial para a conquista de objetivos. Ali iniciei a descoberta e o aprimoramento das minhas *soft skills* básicas. Foi também o despertar de um "senso de urgência".

As situações que encontrei em um ambiente completamente diferente de casa exigiram discernimento para entender quando era necessário tomar uma ação imediata, a exemplo das tarefas corriqueiras que ainda não tinha tido a oportunidade de realizar, como compras do mês, aluguel, participar de projetos acadêmicos e cursos extracurriculares.

Isso foi criando um senso de alerta constante para não perder oportunidades. Gerou o que chamo hoje de "senso de urgência", que determina o ritmo de caminhada e progresso. O "estar atento" e a diligência são fundamentais para gerar oportunidades.

É claro que a formação em Engenharia de Telecomunicações no Inatel – justamente na época que as primeiras redes de celular estavam sendo implantadas, a infraestrutura de telecom do país estava passando por um grande avanço – foi fundamental para minha jornada de conhecimento nessa área.

Naturalmente trabalhei como engenheiro desde estagiário até a gerência de engenharia. Fui responsável por uma equipe que trabalhava desde a pré-venda até a entrega e sustentação dos projetos. Tive a felicidade de ter à disposição tecnologias avançadas para transmissão óptica, multiplexação, *wireless* e *frame relay*, incluindo soluções para o início das operações de provedores de acesso à internet no Brasil.

A Engenharia é uma ótima escola para nos tornar resolvedores de problemas, com abordagem analítica e metódica. Como gerente de engenharia, a missão diária com meu time era ajudar o comercial a investigar as demandas dos clientes, encontrar soluções usando as tecnologias disponíveis no portfólio e entregar tudo funcionando. Assim, aliamos de modo criativo as necessidades deles às tecnologias.

Fui tomando gosto por "entrevistar" os clientes, conectar-me com o tipo de negócio das empresas e entender como solucionar questões. Uma vez resolvidas, buscava outras empresas que estivessem passando pela mesma situação e replicava a solução.

Fui gradativamente me conectando aos segmentos do mercado e me especializando na forma consultiva de atuação.

Tinha uma visão da área comercial muito comum aos times técnicos. Para mim, "vendedor" era alguém muito folgado, porque sempre trazia necessidades fora do padrão e não dava trégua.

Com a maturidade e convivência com os clientes e "vendedores", me dei conta de que esses problemas eram o motivo pelo qual a área de engenharia existia, pois as situações e demandas faziam a roda girar, gerando projetos, serviços e pesquisas constantes por novas soluções.

Decidi então aprofundar e entender o modo como o time comercial trabalhava, participando de planejamentos estratégicos que definiam os segmentos do mercado a serem trabalhados, as tecnologias a serem fomentadas para o período e de que maneira melhorar o processo de vendas, incluindo cada vez mais o time de engenharia de pré-vendas no processo.

A experiência foi tão excitante que decidi fazer uma movimentação na carreira para a área de vendas, influenciado pela beleza do fluxo de trabalho aliada à experiência de presenciar um projeto funcionando e resolvendo questões que atrapalhavam o *business* do cliente.

No início, tentei conciliar pré-vendas e vendas, pois acreditava ter vantagem sobre os outros por ter conhecimento técnico e agilidade, mas, na prática, as habilidades em vendas são muito diferentes das técnicas e tive grandes dificuldades na função de gerente de contas.

Mais uma vez disciplina, foco e capacidade de pesquisar metodologias que herdei da Engenharia me ajudaram. Depois de perceber que não seria possível atuar ao mesmo tempo como pré-vendas e gerente de contas, me organizei, com mais humildade, e adquiri aprendizado na metodologia de vendas.

Minha expectativa era gerar resultados rapidamente, pois pensava de maneira muito lógica, mas constatei a inexperiência em saber o timing (melhor momento) para ofertar uma solução, como negociar sem ser somente baseado em descontos. Isso influenciava diretamente no momento de realizar o fechamento da venda.

Para isso, precisei gerar discursos de vendas, entender os estudos de caso de sucesso, estudar métodos de abordagem, quebra de objeções e formas de captar novos clientes.

Assumi contas no segmento de *utilities* (operadoras de energia elétrica) e governo, pela proximidade e conhecimento das soluções empregadas nesse campo.

As metas eram bastante difíceis, pois vendas consultivas geralmente têm ciclo de vendas longo.

Com o tempo, fui criando metas realistas próximas aos objetivos da empresa. Comecei a pesquisar mais sobre cada empresa, relacionando os investimentos dos clientes com as soluções técnicas. Isso me ajudou a perceber em que ponto deveria focar os esforços para chegar ao resultado desejado.

O ambiente em que trabalhei me ajudou muito nesse caminho. Meu histórico como gerente de engenharia me propiciou uma relação de confiança, o que me aproximou muito dos clientes.

Sempre fui muito transparente e entregava o prometido. O lema foi e ainda é “O que está combinado não sai caro”.

Entendi que o profissional da área comercial necessita ser sagaz, ter muita capacidade de recuperação, aprender a receber "não", aprimorar constantemente sua metodologia de vendas, assumir riscos "calculados" e lidar com frustração.

O ciclo é simples: "Se perder uma venda, descubra o que fez de errado, faça diferente na próxima vez. Se ganhou, comemore, mas saiba que 'vendedor não tem passado', então parta para buscar a próxima venda".

Consegui alcançar mais resultados à medida que fui equilibrando o background técnico com as metodologias de vendas, ouvindo mais e assimilando de que realmente o cliente necessitava.

Ao longo desses mais de 18 anos, alguns projetos foram destaque e validaram minha jornada.

A estratégia de focar nas tecnologias por segmento de mercado gerou casos de sucesso.

Com a evolução das tecnologias de transmissão óptica, conexão sem fio a longas distâncias e infraestrutura de TI, a gestão pública e os órgãos estaduais e municipais responsáveis por tecnologia verificaram que a digitalização de suas redes de dados era necessária para prestar melhores serviços à população, bem como economizar nos custos de telecomunicações.

Percebendo essa movimentação de mercado, preparei estudos sobre as demandas de estados e municípios e reuni soluções de tecnologia para governo, segurança, educação e bancos estaduais.

Entender os problemas relacionados a esse mercado me permitiu criar condições para utilizar as soluções tecnológicas. Quando chegava ao cliente, falava a língua dele, apontando as vantagens e desvantagens de cada solução.

Isso me ajudou a vencer uma série de projetos estaduais e municipais, entre eles, nos estados do Ceará, Pará e Minas Gerais, que tratavam de grandes anéis ópticos interconectando as cidades e atendendo aos órgãos de segurança pública, educação e saúde. Esta infraestrutura de telecom e TI resolvia a falta de conexão entre as cidades e a de capilaridade em conexões multiponto.

A economia gerada por esses projetos possibilitou a criação de serviços digitais em aproximadamente 60 cidades conectadas e mais de 700 instituições com acesso às redes de comunicação estaduais e municipais, totalizando mais de R$ 50 milhões, incluindo fornecimento de equipamentos e serviços.

Outros dois segmentos de mercado importantes na construção de minha carreira foram os de rodovias e empresas de energia elétrica. As concessionárias de rodovias entenderam que, ao vencer uma concessão para operar uma determinada rodovia, poderiam utilizar o leito delas para explorar o mercado de fornecimento de conexão óptica entre cidades. Além disso, serviria para captar os dados necessários para a gestão das rodovias, como sensores diversos, câmeras, painéis de mensagens de alerta direcionados para o centro de operação da rodovia. Ou seja, geraram receita no fornecimento de canais de dados entre cidades, economizaram com telecom e agilizaram a gestão da rodovia.

Algumas operadoras de energia elétrica foram pelo mesmo caminho e construíram *backbones* ópticos em seus linhões de energia, comercializando links de dados entre os vários municípios e realizando a gestão de suas subestações. Para esses mercados, continuei com a estratégia de venda consultiva aliada à tecnologia.

Nos últimos anos, tenho me concentrado em TI, principalmente no chamado mercado *enterprise*, que me estimula a usar toda minha experiência em solução de problemas, pois abrange desde hospitais, redes de farmácias, supermercados e varejo, até indústrias de grande porte.

A metodologia de entender negócio por negócio traz muita satisfação porque a cada dia existe um desafio diferente. O trabalho é árduo, mas tenho obtido ótimos resultados, principalmente em soluções de segurança cibernética e redes sem fio com inteligência artificial.

> "Não procure clientes para os seus produtos. Encontre produtos para os seus clientes."
> (Seth Godin)

Sou um típico caso de engenheiro que tomou gosto pela área comercial e, após muitas fases profissionais, desde estagiário até gerência de engenharia, migrou para área comercial. Fui lapidando as abordagens, muitas vezes intuitivamente, e agora definitivamente estou na profissão que me faz brilhar os olhos. Compartilho aqui algumas ações/atitudes que me foram fundamentais:

- Tenha uma rotina positiva. Crie sempre uma lista de prospecções. Estude seus produtos, segmentos de mercado ou a análise de algum caso de sucesso. Isso fará que você mantenha **o foco e a criatividade** para os discursos de venda ou reuniões com seus clientes. Conhecimento é poder. Como afirmou Jim Rohn, "A prática é tão valiosa quanto a venda. A venda lhe trará o sustento; a habilidade lhe trará a fortuna".
- Trabalhe para se transformar em **referência** para o cliente. A venda consultiva consiste em entender o que é importante para ele. Crie vínculo, mostre suas especialidades, gere credibilidade. Isso lhe permitirá participar das decisões, aconselhar nas aquisições. Você precisa orientá-lo sobre visões que ele ainda não possui sobre o próprio negócio, apontando uma oportunidade de economia ou de ganho financeiro.

• Atenda com **rapidez** qualquer demanda de seus clientes. Quando você está disponível e atende com agilidade, sua chance de conquistar a preferência aumenta muito.
• Não empurre produtos que não são relevantes para seu cliente, a menos que ele peça isso. Se ainda assim ele solicitar, o **oriente** quanto às melhores formas de realizar os investimentos.
• Antes de concluir a venda, **alinhe** exatamente quais são as **expectativas** que você e o cliente nutrem sobre o negócio e entregue exatamente o que vendeu.
• ***Follow-up*** é a porta para novas vendas. Uma atenção no pós-venda é vital para buscar os indicadores sobre sua atuação, qualidade dos produtos e serviços. Certamente você não será esquecido.
• Seja **diligente**, unindo esforço inteligente, planejamento cuidadoso e execução honesta, sem atrasos, para alcançar resultados excelentes. Combine persistência criativa e competência, visando atingir um padrão de excelência elevado e puro.

Não teria tanta segurança na minha função hoje se não fossem a **diligência,** a vontade e a crença genuína de que a venda daria certo. Construí alguns pilares fundamentais para o sucesso na abertura de novos clientes e na conservação dos existentes.

Estou certo de que cumpro a missão de ajudar as empresas a se manterem atualizadas tecnologicamente para poderem focar no ramo para o qual foram criadas.

"A persistência é muito importante. Você não deve desistir, a menos que seja forçado a desistir."
(Elon Musk)

Boas vendas!

24

A LEI DE CAUSA E EFEITO APLICADA ÀS VENDAS

Como definição, a "lei de causa e efeito" sugere que toda ação leva a uma reação correspondente, com outro olhar. Neste capítulo, vamos abordar como essa lei aplicada a vendas pode trazer previsibilidade e controle de resultados. A falta de estratégia sobre as ações necessárias com certeza nos afasta de nossos resultados, bem como do efeito desejado.

PERCIVAL OLIVEIRA

Percival Oliveira

É um empresário apaixonado por inovação, gestão e vendas. Fundador da empresa Funil de Vendas CRM, hoje, grupo Funil de Vendas, há 14 anos tem um único objetivo: transformar pessoas e empresas por meio das vendas. Nessa jornada, construiu a visão que sustenta todas as suas crenças: se não for simples, não funciona. Nessa busca pelo simples houve o momento de ruptura, ao entender que o mais importante em vendas é ter previsibilidade e que só se respeita uma lei: o princípio da causa e efeito. Depois de 14 anos imerso em mais de três mil empresas que usam o Funil de Vendas CRM, ficou claro que os times comerciais de maior sucesso são aqueles que entenderam essa regra fundamental nos seus processos.

Contato
percival@funildevendas.com.br

Prevendo o futuro

Minhas ações me levam aos meus resultados

Toda empresa nasce com o desafio de sobreviver às adversidades dos mercados, da necessidade de resolver problemas e, com isso, gerar resultados financeiros. Em síntese, o desafio primeiro de uma empresa é gerar lucro e, assim, sustentar o crescimento. Todas elas têm pontos em comum, porém o mais latente de toda empresa é VENDER seu produto ou serviço. Aliás, todo plano de negócio deveria começar com a pergunta: "Como vamos vender nosso produto?". Nessa breve provocação, já podemos ver a lei de causa e efeito agindo, já que, se pensarmos de forma desconstrutiva, vendas é resultado de um processo e, com isso, a vendas é o efeito.

Portanto, quais são as causas que vão levar a esse efeito?

De modo simples, podemos pensar que vendas seja o resultado de um processo e que cada etapa define uma parte dele. Assim, se agirmos sobre cada passo, teremos o controle sobre as causas. Aqui aumentamos nosso controle sobre o que realmente é necessário na busca do efeito desejado: vender mais!

Prever o futuro é impossível; aumentar a probabilidade de sucesso é agir sobre as causas.

Ainda sobre previsibilidade em vendas (efeito)

A busca de previsibilidade em vendas é necessária e, ao mesmo tempo, estratégica para as empresas, principalmente para as pequenas e médias. Basicamente a previsibilidade deve ser uma prática priorizada de forma a permitir planejar melhor os recursos e definir metas realistas e, assim, sustentar as tomadas de decisão.

Aspectos importantes na busca da previsibilidade em vendas:

- **Planejamento de vendas**: estabelecer ações baseadas em dados e históricos existentes. Aqui não existe lugar para o "achismo".

- **Definir metas**: metas devem ser definidas junto com os times, sendo claras e acordadas conforme a realidade da empresa.
- **Ferramenta CRM**: o que meço eu gerencio e, quando gerencio, evoluo.

Nenhuma empresa sobrevive sem vendas. Pode parecer óbvio, mas não é. Ainda existem empresas e empresários que acreditam que vendas seja algo que vai acontecer simplesmente tendo um bom produto ou serviço. Essa ideia ultrapassada ainda leva um número grande de empresas com excelentes produtos ou serviços a quebrarem logo nos primeiros anos.

A busca da previsibilidade apoiada nos princípios da causa e efeito nos garante a estruturação de estratégias mais eficientes de vendas. É simples entender que a consistência do seu processo de vendas é sua melhor vantagem competitiva.

O que é execução consistente?

Fazer o que tem que ser feito, na medida certa, todo dia!

A tríade do sucesso meta, método e execução consistente (causa)

É da natureza humana a busca de soluções mágicas e fórmulas milagrosas para resolver problemas e desafios reais. Isso se baseia na própria questão de economizar energia, função básica de nosso cérebro. Não seria diferente no mundo das vendas. Aqui temos espaço para pensar e agir. O jogo das vendas é de probabilidades. Entender isso nos coloca em uma posição de vantagem quando sabemos onde e como é possível aumentar as probabilidades de sucesso.

Aqui fica a pergunta: "Como posso aumentar minhas probabilidades de sucesso em vendas?".

Existe uma tríade que pode ser usada para responder a essa pergunta.

– **Meta**

– **Método**

– **Execução consistente**

- **Metas bem definidas**: manter-se alinhado com todos os envolvidos. É simples de entender e o mais importante e alcançável, tendo em vista toda a estrutura de recursos da empresa.
- **Método**: tem como definição o caminho que leva ao alcance das metas. Aqui posso entender como as etapas das vendas devem ser simples e claras. Em todas elas devem existir gatilhos de passagem bem definidos e, assim, todos terão a mesma visão do caminho.
- **Execução consistente**: ou seja, fazer o que tem que ser feito na medida certa, dia após dia, garantirá sua maior vantagem competitiva.

Essa tríade é a base da causa de toda venda. Compreender essa base garante o alcance do efeito desejado (vender mais e melhor).

Esforço *versus* resultado

Na nossa vida pessoal, nas nossas empresas e até nos nossos relacionamentos, de uma forma natural, buscamos a relação existente entre esforço e resultado. Em vendas, isso também está presente. No final de cada período que vamos analisar nossas vendas, verificamos quanto esforço foi feito para obtenção de resultados. Com isso, entender como e onde está sendo colocado nosso esforço se torna estratégico. Aqui a lei de causa e efeito se manifesta mais uma vez, pois o esforço está diretamente ligado às causas – daí a importância de medir esse esforço. Aqui quero colocar a necessidade de haver indicadores em cada etapa da venda, pois são eles que nos vão dizer se o esforço que estamos fazendo vai nos levar ao resultado de que precisamos.

Em vendas, todo esforço realizado durante o processo de vender traz um efeito colateral importante, isto é, aprendizado. Um processo bem definido e estruturado permite que o vendedor possa entender o esforço despendido e naturalmente aumentar sua curva de aprendizado, o que nos leva a outro nível. Quanto mais eu aprendo sobre determinada tarefa, menos esforço vou precisar para ter melhores resultados.

Se existe uma relação clara entre esforço e resultado (causa-efeito), por que tantas pessoas desistem quando estão tão perto de conseguir o que buscam?

A resposta para essa pergunta está mais ligada ao propósito que direciona o alcance do resultado, ou seja, se seu resultado não tem um propósito forte que faz que se dedique, possivelmente abandonará o processo (causa) antes de alcançar o resultado (efeito) que deseja.

Fé no processo

Conheci um sedentário que se transformou em um triatleta e essa foi uma grande experiência de vendas. Deixe-me explicar: eu estava em busca de algumas referências do esporte que me mostrassem o caminho da disciplina. Encontrei essa pessoa, cujo nome vou preservar. Naquele encontro, a pergunta básica foi sobre os resultados que tinha alcançado, e a explicação veio de forma a entender que o resultado era diretriz e que o mais importante era o processo de treinamento, a jornada de preparação. E ela resumiu com a seguinte frase: é preciso ter fé.

Naquele momento, devo ter feito aquela cara de quem não entendeu nada. Minha cabeça já foi para o lado da religião, ter fé em Deus – aliás, algo que tenho muito –, mas aqui a surpresa, quando ele recomeça o discurso:

"Se você for à academia para fortalecer seus músculos, diminuir seu peso e melhorar sua condição aeróbica, terá resultado hoje?" Minha resposta foi um claro NÃO e ele, com uma paciência de monge, repetiu todo o discurso e me perguntou: "Você vai ter resultado daqui a um mês?". E ouviu novamente um não. Aí ele concluiu o discurso: "Mas, se você for fiel aos treinos, à sua dieta, você terá resultado daqui a um ano". Enfim, entendi que, com certeza, após esse tempo, se eu for fiel ao processo, terei o resultado necessário ou, no pior cenário, muito próximo do que desejo.

Foi então que compreendi que causa e efeito estão ligados a esforço X resultado e que cultivar a fé é ter a certeza de que o resultado vai chegar, se eu acreditar e seguir o processo. Ter fé em vendas é acreditar no processo (causa).

Propósito forte e propósito fraco

Todos conhecemos alguém que, em determinado momento, desejou seguir uma vida mais saudável e que decidiu se inscrever em uma academia. Acreditou que realmente iria se dedicar ao esporte, comprou acessórios e equipamentos, chegou a fechar um plano de seis meses a um ano de academia. Mas toda essa empolgação durou somente uma semana, em alguns casos mais raros, um mês. O que essa cena tem relação com propósito? Há uma ligação com o grande responsável pela maioria dos vendedores não alcançarem seus resultados: **a presença do propósito fraco**. Toda a construção do desejo dessa pessoa é original e válida, porém não resistiu ao tempo e o preço a ser pago ficou muito alto.

Para entender ainda mais a questão de propósito, também conhecemos alguém que não tinha a mínima condição de fazer uma faculdade, de comprar uma casa e, mesmo assim, se graduou e adquiriu a tão sonhada casa própria.

Aqui claramente são exemplos simples, mas que fazem parte da história de todos e nos ajudam a entender que a base do sucesso passa obrigatoriamente por saber onde se quer chegar. Esse saber é o componente principal da construção dos nossos propósitos.

O propósito forte é o agente catalisador entre causa e efeito, que liga essas duas forças; é o componente-chave que define o sucesso.

A maior polêmica de vendas: você não deve cobrar meta dos seus vendedores!

Aqui é o momento de certo desconforto. De forma proposital, o que estamos dizendo é que aqui está um dos princípios da lei de causa e efeito. Meta, como conhecemos em vendas, é o resultado esperado no final do período estabelecido entre empresa e vendedor para um alcance, muitas vezes, de valor financeiro e número de negócios que a empresa precisa que o vendedor traga. E aqui mora o perigo, pois esse resultado é o único que não está na mão do vendedor. O que quero dizer é que a meta, ou seja, o resultado esperado de negócios fechado, está na aprovação do cliente, ou seja, é o efeito.

Mas temos uma notícia boa. Todo o resto do processo está na mão do vendedor, e isso é o mais importante.

Vamos exemplificar com o caso de um vendedor de seguros de vida. Ele é bem treinado no produto e tem um processo bem definido com as seguintes etapas: prospectar, qualificar, visitar e gerar a proposta. Esse é um processo bem desenhado e, com ele, o profissional pretende vender dez apólices de seguro por mês.

Definido o processo e sua meta, começa a jornada. Os primeiros desafios: entender quantas prospecções ele precisa fazer, quantos leads precisa qualificar, quantas vistas deve realizar e quantas propostas necessita emitir.

Podemos ver que a causa é o processo definido em cada etapa e, se o vendedor conseguir fazer a quantidade necessária em cada etapa, se colocará em uma zona de alta probabilidade de sucesso, ou seja, se o vendedor precisa de cem prospecções para fechar dez negócios, ele aumenta suas chances se fizer cem prospecções e certamente se fizer somente dez prospecções, ele não vai alcançar dez negócios. Assim, cem prospecções é a causa e fechar dez negócios é o efeito.

Cada etapa de um processo de vendas tem sua própria taxa de conversão. Entendê-las e dominá-las coloca o vendedor mais próximo de suas metas.

Quando provocamos dizendo que não se deve cobrar metas dos vendedores, queremos deixar claro que o que devemos exigir é a execução consistente do processo. Isso é agir na causa, como efeito e pela lei da probabilidade. Quanto mais eu dominar esses números, com maior frequência vou alcançar minhas metas, tanto em valor como em número de negócios.

Aqui é onde se apresenta de modo completo a "lei de causa e efeito em vendas". Toda venda, da mais simples à mais complexa, passa por esse princípio, ou seja, quanto mais atua nas causas (etapas do processo), mais vezes vou alcançar meus resultados (metas).

Conclusão

Metas bem definidas são imprescindíveis como diretriz de trabalho do vendedor e seus gestores, porém não podemos abrir mão do processo tendo a única visão sobre o resultado final. Essa pode ser uma grande armadilha.

A busca por melhores resultados em todas as áreas de nossas vidas passa por um momento de compreensão de que devemos nos dedicar. A isso chamamos estado de consciência. É esse estado que nos permite desenhar a jornada e nos mantém no foco.

Entender a lei de causa e efeito nas rotinas de vendas deve nos direcionar a aumentar nossa performance.

VENDER TRANSFORMA A TODOS!

Referências

FALCONI, V. *O verdadeiro poder:* práticas de gestão que conduzem a resultados revolucionários. Belo Horizonte: Falconi, 2009.

GOLDRATT, E. M.; COX, J. *A meta.* Trad. de Thomas Corbett Neto. Barueri: Nobel, 2014.

KAHNEY, L. *Tim Cook:* o gênio que mudou o futuro da Apple. Trad. de Donaldson Garschagen e Renata Guerra. Rio de Janeiro: Intrínseca, 2019.

OSTERWALDER, A.; PIGNEUR, Y. *Business Model Generation:* inovação em modelos de negócios. São Paulo: Alta Books, 2011.

ROSS, A.; TYLER, M. *Receita previsível:* como implementar a metodologia revolucionária de vendas outbound que pode triplicar os resultados da sua empresa. 2. ed. São Paulo: Autêntica Business, 2020.

WARREN, R. *Liderança com propósitos:* princípios eficazes para o líder no século 21. São Paulo: Vida, 2022.

25

CARÁTER E UNIDADE PARA UMA LIDERANÇA DE SUCESSO

Liderar é uma habilidade complexa, que envolve mais do que gerenciar tarefas e recursos. Trata-se de inspirar, influenciar e motivar pessoas a trabalharem juntas para atingirem objetivos comuns. Este capítulo traz reflexões e compartilha aspectos importantes da liderança, bem como apresenta algumas dicas para a criação de conexões de valor e unidade que farão a diferença no sucesso de qualquer empreitada!

ANA LUCIA EUGENIO VIANI

Ana Lucia Eugenio Viani

Apaixonada por esportes, ficção científica e pessoas! Esposa de Fabiano e mãe de João Pedro, Ana encontra, em Deus e na família, a base sólida que a impulsiona a conquistar novos horizontes diariamente. Executiva de renome, é uma líder que inspira sua equipe por meio de uma visão clara e valores inabaláveis. Acredita firmemente que os relacionamentos humanos são o alicerce de qualquer empreendimento bem-sucedido. Com mais de 28 anos de carreira e experiência internacional, vem liderando equipes de alta performance em importantes multinacionais do setor de tecnologia. Engenheira eletrônica, tem MBA em Gestão de Negócios e Liderança pela Universidade HEC de Paris, MBA em Administração pela FGV e especialização em Gestão de Projetos pela USP. É uma defensora incansável do aprendizado contínuo. Ao manter sempre um compromisso forte com valores humanos, busca unir esses diversos princípios na construção de uma vida com propósito e impactante.

Contatos
analuciaviani@gmail.com
Instagram: @analuciaviani
Facebook: Ana Viani
LinkedIn: linkedin.com/in/ana-viani-5a8332/

Nós, seres humanos, somos complexos. Incríveis por um lado, muito difíceis por outro, pois trazemos em nosso ser uma pluralidade de aspectos que nos faz únicos. Temos uma enorme capacidade de criar, desenvolver, habilitar e, ao mesmo tempo, uma força quase tão mais poderosa para destruir, prejudicar e separar. Os valores de caráter que nos movem vão muitas vezes determinar qual será o resultado de uma determinada equação: criação, valorização e potencialização ou simplesmente destruição, individualização e redução.

Creio que nossa natureza, na sua essência mais primária, é individualista e egoísta. É preciso algo mais que nos tire desse instinto. E, vivendo em sociedade, precisamos pensar, sentir e viver muito além do indivíduo. Um bom líder costuma ter não só essa habilidade de ajudar diversos indivíduos a se relacionarem em torno de um propósito comum, mas também a capacidade de extrair deles o seu melhor, potencializar suas fortalezas e tornar-se exemplo dentro desses mesmos princípios.

Desde pequena, aprendi muito com a prática esportiva, influenciada pela família esportista e competitiva do meu pai. Ele tinha um lema: "Se entrou pra jogar, dê o sangue", que enfatiza dedicação, esforço, presença e respeito pelo time, valores que superam a simples ideia de sucesso. O esporte ensina comprometimento e integridade, tanto no individual quanto no coletivo, desenvolvendo caráter e valores ao longo do caminho.

Além de esportista e fã de ficção cientifica, sou cristã. Eu me converti aos 17 anos, quando comecei a frequentar uma igreja presbiteriana e a estudar a Bíblia, compreendendo o propósito de Deus e o sacrifício de Jesus. A Bíblia, meu livro de cabeceira, enriqueceu meu entendimento sobre valores, caráter e liderança, com líderes como Daniel, Neemias, Ester, Paulo e, é claro, Jesus, que ensinam qualidades como disciplina, planejamento, compaixão, responsabilidade e coragem.

"Liderança não é sobre ser encarregado. É sobre cuidar das pessoas sob sua responsabilidade."
(Simon Sinek)

Não é simples liderar. Muitos almejam a liderança, mas a confundem com *status* e com fazer as coisas do seu jeito. Porém, liderar é bem diferente disso e muito mais amplo. Tenho aprendido que o líder é aquela pessoa que possui a capacidade de atrair e guiar de maneira inspiradora todos os que estão ao seu redor. Ele caminha junto com o time para obter resultados, está sempre no mesmo barco que sua equipe e escolheu estar lá.

Um bom líder pode mudar estruturas, transformar e melhorar situações, enquanto um mau líder pode prejudicar pessoas, destruir organizações e até vidas. Mas será que liderança é um dom ou algo que podemos aprender? Será que, de certa forma, todos nós não somos um pouco líderes a cada vez que influenciamos pessoas e situações ao nosso redor?

Eu responderia sim para ambas as perguntas: liderança se aprende e, gostando ou não, todos somos um pouco líderes. Mas me focaria em uma nova pergunta: "Como posso melhorar?"

Iniciei minha carreira aos 17 anos como técnica de campo, depois me tornei engenheira e consultora, sempre vendo meu papel como parte importante de um todo maior. Meu foco era entregar trabalho com excelência e ser confiável, aceitando missões com determinação de cumpri-las com o melhor desempenho possível. Logo fui convidada a coordenar e gerir pessoas, acumulando nos últimos 18 anos experiências em diferentes áreas e empresas.

Trabalhei como diretora de operações para a América Latina em uma multinacional de tecnologia que foi adquirida por uma empresa maior. Nossa unidade, responsável por 25% do faturamento, manteve seu time de vendas separado da estrutura principal. A aquisição trouxe preocupações sobre empregos e integração cultural, exacerbadas por diferenças de valores e estilos organizacionais, e percepções negativas sobre equipes de vendas.

Com mais de 8 anos liderando times de vendas, eu sabia que vendedores, apesar de focados em resultados individuais, podem trabalhar bem em equipe e contribuir para o sucesso coletivo. Em um ano, com resiliência e determinação, mudamos essas percepções, culminando no convite para assumir toda a área de vendas da empresa. Nossa equipe de 25% influenciou positivamente os outros 75%, entregando grandes resultados de vendas com um forte senso de equipe e valores. Em meu entendimento, dois aspectos foram cruciais nessa conquista: um forte caráter compartilhado e a busca pela unidade.

> "O fundamento da liderança é o caráter, e não o carisma."
> (Rick Warren)

Para mim, um dos maiores fundamentos de um líder é caráter. Como já foi dito, ao liderar precisamos influenciar, e sem credibilidade a influência não será duradoura.

O caráter é a base moral e ética que guia o comportamento e as decisões de uma pessoa. É a essência de alguém, e é evidenciado por ações e escolhas, especialmente em situações desafiadoras e de conflito.

E caráter é diferente de carisma, personalidade ou temperamento. Vemos líderes com temperamentos mais coléricos, outros fleumáticos, alguns sanguíneos, outros extrovertidos ou tímidos. Cada pessoa tem o seu jeito, a sua forma, os seus dons e talentos e devemos valorizar e conhecer nosso estilo próprio. Não precisamos imitar ou mudar nossa personalidade; as pessoas são diferentes e os líderes também. Mas o caráter será decisivo para que confiem em você e acreditem na missão. E somos e seremos testados o dia todo, nas pequenas e nas grandes coisas. Suas decisões e ações vão demonstrar seu caráter.

Aspectos fundamentais na construção de caráter

- **Honestidade**: parece básico mencionar isso, mas não é. Uma definição que gosto para honestidade é "adesão à verdade e transparência nas ações e palavras". Uma pessoa honesta age de acordo com os princípios éticos, evita enganos e fraudes e mantém a consistência entre o que diz e o que faz.
- **Responsabilidade**: reconhecer e aceitar as consequências de suas ações. Pessoas de bom caráter assumem a responsabilidade por seus erros e trabalham para corrigi-los. Não é nada fácil a tarefa de reconhecer nossos erros. Ao mesmo tempo, é libertador aceitar e dizer "Errei!". Pratique isso. Assuma o erro, arque com as consequências, corrija-o e siga em frente.
- **Respeito**: uma definição de que gosto é "tratamento digno e consideração pelos direitos, sentimentos e dignidade dos outros". Respeitar as pessoas e as diferenças é marca de um caráter forte.
- **Empatia**: muito falada, parece conhecida por todos, mas sua aplicação não é tão simples. É a capacidade de compreender os sentimentos do outro, de se colocar no lugar dele várias vezes, em diferentes circunstâncias e contextos. Ser um líder empático lhe permitirá e capacitará a tratar os outros com compaixão e justiça.
- **Coragem**: disposição, decidir por enfrentar medos, desafios e adversidades com determinação. Coragem moral envolve fazer o que é certo mesmo quando é difícil ou impopular.
- **Justiça**: compromisso com a equidade e imparcialidade. Pessoas de caráter agem de maneira justa e buscam garantir que todos sejam tratados com equidade.

Em um ambiente de conflitos, com interesses próprios, egoísmo e medo, o líder precisará manter suas convicções e não ceder às pressões do ambiente. Líderes de caráter buscam construir times nos quais esses valores estejam presentes em cada indivíduo.

> "A liderança é sobre fazer que outras pessoas sejam melhores como resultado da sua presença e garantir que esse impacto dure na sua ausência."
> (Sheryl Sandberg)

Promoção de unidade e cooperação

A falta de unidade organizacional traz diversas consequências negativas, tanto na eficiência operacional quanto no dia a dia e bem-estar dos colaboradores. E, para termos um time de alta performance, esses elementos são peças-chave. É imprescindível criarmos senso de unidade e habilitarmos a cooperação entre os times. Destaco a seguir alguns aspectos que julgo serem essenciais nessa construção.

Visão e objetivos comuns

Se não houver um mesmo entendimento de qual alvo será perseguido, será impossível obter unidade. Tendo uma visão e um objetivo comum, as decisões em todos os níveis da organização poderão ser mais facilmente alinhadas assegurando que todos os esforços individuais estejam direcionados para o mesmo fim. Isso evita conflitos, competição interna e duplicidade de esforço. Além disso, quando as pessoas entendem a relevância de seu papel no todo, isso também gera uma grande motivação.

Pessoas-chave e apoiadores

Em todo processo de mudança é muito importante que o líder identifique pessoas-chave não só para se juntarem à missão, mas também para executá-la debaixo dos mesmos valores estabelecidos. Será importante ter uma equipe que tenha o caráter para aguentar a pressão, na qual você confie que agirá da forma correta, que terá habilidade, discernimento e que replicará os valores sem necessidade de monitoramento. O líder precisa ampliar sua influência, ganhar mais braços, e isso é conseguido com outros líderes e pessoas-chave. A identificação delas nem sempre é fácil e será importante realizar alguns testes de consistência, como vivenciar situações em que um valor crítico é testado. Deixar claro o que se espera delas e para qual missão estão sendo requisitadas também é um fator muito relevante.

Comunicação clara

O que buscamos? Por que buscamos? Como pensamos em fazer? Como cada um pode ajudar? Normalmente focamos apenas na importância de deixar claro o "o quê" e o "porquê", mas vejo que, quando existem diferenças culturais e de valores, compartilhar e testar o "como" garantirá um bom entendimento da mensagem.

Pode ser cansativo, mas é crítico! Incansável, repetida e, se possível, animadamente. Poderá haver resistências, comportamentos inadequados, respostas duras. Surgirão os críticos e os céticos, mas também vão começar a aparecer os novos integrantes da missão, os novos agentes de transformação que irão, por si sós, agir e replicar a mensagem.

Conflitos e confrontos

Em momentos difíceis, como você reage quando recebe uma resposta "torta", "grosseira"? Qual o seu instinto natural? Precisamos ter nossa ancoragem de valores e permanecer firmes neles.

> "A resposta branda desvia o furor, mas a palavra dura suscita a ira."
> (Livro de Provérbios, 15:1)

Esse princípio foi muito usado por mim e essencial em minha experiência. Ajudou-me muito na construção de valores e demonstração de caráter. Havia um ambiente de desunião e conflito; alguém precisava mostrar um comportamento diferente.

Quando refletimos sobre citações como as mencionadas neste capítulo, alguns podem entender que estamos dizendo que tudo é aceitável, que devemos fugir do confronto e relevar tudo sempre. Quero enfatizar que não vejo assim. Princípios como os descritos e confrontação não são excludentes. E dentro desse tema há muito o que se abordar e conceituar, além de técnicas e dicas de ação. No entanto, gostaria de destacar os seguintes pontos:

O líder não pode fugir ou se abster de confronto e ele precisa enfrentar e resolver os conflitos. Se notamos que a harmonia de nosso grupo está ameaçada, devemos nos aborrecer, e às vezes, até nos irar. Isso demonstra que temos "sangue" em nossas veias, "fogo" em nossos ossos. Porém, o cuidado e a temperança serão decisivos na resolução, bem como no avanço e na manutenção de unidade.

Refletir antes de falar, não ser impulsivo, analisar, investigar, ouvir os diferentes lados e tratar com respeito os opositores são comportamentos que favorecerão uma boa resolução. Em geral, evita-se o enfrentamento. No entanto, muitas vezes é necessário o embate para o bem de todos; isso exigirá sabedoria e valentia. É preciso ter a coragem de confrontar. Vejo como uma tarefa dos líderes essa ação. Sempre tomando cuidado para não ferir as bases de valores e caráter. A maneira de se tratar um conflito sempre será muito relevante. Também recomendo que converse com o ofensor em particular, mas confronte em público as diferenças e divisões públicas.

Incluir, reconhecer e celebrar

Na construção de unidade e cooperação, é fundamental incluir, reconhecer e celebrar. Não deixe ninguém de fora! Todos são importantes e precisam ter sua relevância reconhecida e aprovada. E é preciso que se demonstre isso com a fala e com ações. A preocupação com um convite de reunião no qual verificamos se todos poderão estar presentes e a busca por uma agenda comum (item bastante difícil em grandes organizações) são exemplos de interesse real em inclusão. Reconhecer no privado e principalmente em público uma atitude ou conquista individual mostra o senso de que todos são relevantes e que nos importamos com o que o outro está fazendo. E a celebração é o ponto culminante. Gera momentos de unidade e cumplicidade e comprova que o alvo buscado vem sendo alcançado conjuntamente.

> "A força de um time está em cada um de seus membros. E a força de cada membro é o time."
> (John C. Maxwell)

Referências

BROWN, B. *Coragem para liderar:* trabalho duro, conversas difíceis, corações plenos. Rio de Janeiro: Best Seller, 2019.

LOPES, H. D. *Neemias:* o líder que restaurou uma nação. São Paulo: Hagnos, 2006.

MAXWELL, J. C. *As 21 indispensáveis qualidades de um líder.* Trad. de Josue Ribeiro. Rio de Janeiro: Thomas-Nelson Brasil, 2012.

SWINDOLL, C. R. *Ester:* uma mulher de sensibilidade e coragem. São Paulo: Mundo Cristão, 1999.

WARREN, R. *Liderança com propósitos:* princípios eficazes para o líder no século 21. São Paulo: Vida, 2008.

BÍBLIA. Português. *Bíblia sagrada*. Trad. de João Ferreira de Almeida. 2. ed. Sociedade Bíblica do Brasil, 1993.

26

VIRADAS DE CHAVE NA CARREIRA

Em nossa jornada de vida e carreira, vamos passar por muitas fases e etapas. E, em cada uma delas, devemos sempre buscar o melhor para nós, encontrar nosso propósito de vida e nos engajarmos. Neste capítulo, vou contar de que maneira se deu a minha entrada em vendas e como foi esse processo maravilhoso pela área que passei a amar.

MARCEL SPADOTO

Marcel Spadoto

Um apaixonado por vendas, desenvolvimento de pessoas e networking. Tem muito orgulho da carreira que pôde construir e, que ainda está em evolução. Pôde atuar em todos os cargos de vendas e marketing. Trabalhou em empresas dos segmentos financeiro, industrial, tecnológico, de serviços e de consultoria. Estudou contabilidade, economia, marketing, vendas, negócios e gestão de pessoas, em graduação, pós-graduação e MBA. Atualmente, desenvolve negócios, é consultor, mentor, conselheiro, escritor e articulista. Nos últimos anos, escreveu e coordenou livros sobre *soft skills*, que se tornaram referências e best-sellers. Faz parte de uma família maravilhosa, tem muito amor e paixão por todos. Colaborar com o próximo é uma atitude que preza muito e procura exercitá-la em tudo o que possa estar envolvido. Sempre busca aprimorar suas *skills* e visão sobre tudo o que está se transformando à sua volta, para ser um agente assertivo e positivo nesse processo. Apaixonado por Jesus Cristo!

Contatos
marcel@institutocrescita.com.br
LinkedIn: linkedin.com/in/spadoto/
11 99256 1111

Como tudo se desenvolveu

As vendas me acompanham há muitos anos, mas eu não sabia disso conscientemente!

Ao longo da minha vida, pude influenciar muitas pessoas a ingressarem nessa carreira, até as que tinham dúvidas ou não percebiam sua aptidão e predisposição para se tornarem grandes profissionais na área. Ter feito a diferença na vida delas de modo positivo, mesmo que em um grau pequeno, me deixa muito feliz e realizado. Não posso deixar de dizer que fui muito influenciado e transformado pela mentoria e conselhos de uma infinidade de profissionais com os quais me relacionei.

Quando minha família saiu do interior de São Paulo e veio para a capital, eu tinha oito anos de idade. Aquela mudança foi muito significativa para minha vida, pois tive que me adaptar rapidamente ao modo de vida da metrópole.

Novos amigos, costumes, brincadeiras etc. Com a maturidade de hoje, posso ver que tive muitas *soft skills* desenvolvidas naquele período, como: comunicação, inteligência emocional, resiliência, negociação. Contei também com a generosidade daqueles que estavam à minha volta, que me acolheram e deram espaço para as coisas se encaixarem com o tempo.

Sempre pensei de maneira colaborativa e em parcerias, ajudando nas brincadeiras, organizando a coleção de pipas, cuidando dos materiais do time de futebol da nossa rua e pacificando conflitos que eram constantes nas nossas relações.

Além de brincar e estudar, encontrávamos tempo para prestar pequenos serviços para nossos vizinhos e receber uma pequena remuneração, que era toda gasta em bolinhas de gude, figurinhas e refrigerantes: uma sementinha do mundo de vendas estava plantada no coração e mente daquele garoto da periferia da maior cidade do Brasil.

Meu primeiro emprego formal foi em um escritório de contabilidade no bairro. Assim, fui cursar o colégio técnico em Contabilidade e acreditava que minha carreira se desenvolveria nesse caminho. Depois, trabalhei em dois grandes bancos, como contínuo, escriturário e caixa. O curso de graduação escolhido foi Economia, mas não estava entusiasmado com isso, apenas estava seguindo o processo.

Contudo, as oportunidades sempre aparecem, e é preciso estar atento para decifrá-las.

A oportunidade

Em um dia de novembro de 1987, eu estava na tesouraria da agência do banco em que trabalhava, envelopando o pagamento de funcionários de uma grande metalúrgica multinacional. Pasmem, os mais jovens! Ainda não se usava naquela empresa o crédito em conta corrente. Os funcionários recebiam um envelope com dinheiro "vivo" e o depositavam no Posto de Atendimento Bancário (PAB) da agência na empresa ou levam as notas para casa.

Permaneci naquela atividade e pensando que qualquer funcionário da empresa ganhava muito mais do que eu trabalhando no banco, usando gravata e tendo que usar roupa social. Gostava disso, mas a diferença de salário era bem grande. Naquele dia, decidi que iria trabalhar naquela empresa e só precisava desenvolver um plano para isso.

Como sempre em minha vida, fui muito abençoado por DEUS! O funcionário do banco que trabalhava no PAB pediu demissão. A rotina diária era muito dura, pois precisava ir para agência na região do Butantã de manhã, para atualizar-se e retirar documentos necessários para o trabalho no PAB, realizar alguns processos, ir logo depois para a metalúrgica, que ficava no quilômetro 19 da Rodovia Raposo Tavares, andar por um quilômetro, trabalhar até o final da tarde e depois retornar para a agência trazendo os documentos que foram pagos e recebidos, para seguir para o processamento do banco, pois era um PAB off-line.

O supervisor do banco passou a fazer esse serviço e todo dia eu ouvia suas reclamações sobre o trânsito, o tempo que levava para chegar e voltar, a chuva que pegou... E eu sempre dizendo que queria fazer aquele trabalho, mas não tinha muito tempo no banco. Eles não queriam colocar um novato para fazer isso. Mas, logo no início de fevereiro de 1988, o supervisor foi vencido pela minha insistência e por aquela rotina que o torturava.

Cheguei no primeiro dia junto com o supervisor para trabalhar no PAB e pensei: "É aqui nessa empresa que vou trabalhar". Parte do plano estava feito e em desenvolvimento. Rapidamente fui conhecendo todos os que iam até o PAB, sempre sorrindo, disposto, resolvendo rapidamente todo tipo de pendência.

Ali conheci um amigo e excelente vendedor, o grande Antonio Monteiro Filho, que havia trabalhado no banco muito tempo antes de mim e estava atuando em vendas na empresa. Naquele momento estava sendo promovido para cuidar de uma linha de produtos, fruto de uma parceria com uma grande empresa de Israel. Eu já tinha confidenciado meu plano para ele, que me disse que poderia substituí-lo na assistência de vendas. Respondi que estava cursando Economia e queria trabalhar na área financeira, que esse negócio de vendas não era comigo, pois não sabia "enrolar" ninguém. Mas o Monteiro, muito hábil, me falou, com propriedade, duas coisas: 1. Aqui não enrolamos os clientes, vendemos e colaboramos com eles; e 2. Você tem as competências que me ajudariam a ser um bom vendedor.

Em abril de 1988, passei a ser vendedor daquela empresa. Foram quatro anos de muito aprendizado e, quando a deixei, já estava exercendo a função de supervisor de vendas.

Minha história nessa área tinha começado na infância, mas eu não estava consciente disso. Foi preciso o encontro da necessidade com a oportunidade para que efetivamente ingressasse nesse mundo maravilhoso. Minha gratidão aos mestres sensacionais que tive na pessoa do primeiro que acreditou em mim e incentivou-me – o meu grande amigo Monteiro!

A base estava construída

Ingressei em vendas em empresas de tecnologia no início dos anos de 1990 e segui por 30 anos, ocupando todos os cargos nesse ramo e também em marketing, cuidando de canais de vendas, formando parcerias e desenvolvendo programas voltados aos clientes. Foram anos maravilhosos, de muita realização e aprendizado.

Tive o prazer e a oportunidade de trabalhar em nove empresas do segmento de tecnologia, em fabricantes, distribuidores e integradores. Pude conhecer e viver todos os lados da relação. Participei de movimentos do mercado que afetaram a nossa economia e sociedade: presenciei e atuei na entrada da telefonia celular, na privatização das telecomunicações, na chegada da internet, entre outros avanços que experimentamos.

Tive uma passagem pelo mundo da internet, atuando em corretoras de seguros on-line, um grande aprendizado em vendas, usando o comércio eletrônico.

Vale destacar que minha formação se deu no dia a dia, pelo contato, observação e muita capacitação em cursos nas empresas em que trabalhei, em programas da FGV/SP e especialmente uma pós-graduação em Vendas e Marketing na ESPM, no final dos anos 1990.

Aos 45 anos, entendi que havia cumprido meu papel com executivo e parti para a consultoria em vendas e desenvolvimento de pessoas.

Segunda carreira em consultoria, mas sempre com vendas

Quando fui trilhar minha carreira como consultor, sabia que teria alguns desafios importantes. Um deles seria me adaptar e fazer a transição de carreira de executivo para consultor, deixando de executar para analisar, diagnosticar e propor caminhos. Isso demanda tempo para processar. Outro desafio era construir as soluções e vendê-las aos clientes, sem toda a estrutura que as empresas em que trabalhei possuíam. E teria que fazer isso desde a base.

Naquele momento procurei me unir e colaborar com a criação de grupos de consultores para juntos encontrarmos soluções para nossas demandas gerais e, em especial, a de vender.

Minha carreira em vendas tinha como um dos pilares fortes a elaboração de programas de canais e o suporte para parceiros venderem as soluções das empresas em que eu trabalhava, e isso foi uma alavanca enorme para o meu sucesso e a curva de aprendizado na nova carreira.

Pude colaborar muito com colegas que estavam migrando de carreira, com conselhos e mentorias, mas, do mesmo modo, foi um privilégio receber em número maior a colaboração de muitos profissionais experientes na área, que foram generosos comigo.

Muitos cursos tiveram um forte impacto para que eu me moldasse como um profissional de desenvolvimento de pessoas nessas últimas décadas, em especial o MBA em Gestão de Pessoas na USP.

Pude estabelecer minha carreira em vendas pela conjunção de alguns fatores, que estou relatando neste capítulo, mas e você, que lê agora: como se deu a sua entrada em vendas? Deseja vir para esse mundo ou ainda está se questionando: "Será que eu posso atuar nessa área?". Vou investir nesses pontos a partir de agora.

Vendas é arte ou técnica?

Vendas são as duas coisas! Seus dons vão ajudá-lo muito, mas você precisa partir de um determinado patamar ou praticamente do zero. Sempre digo: uma pessoa com vontade e tempo pode fazer e ser bom em qualquer coisa, desde que se dedique para isso.

Atualmente é possível realizar uma série de *assessments* para sabermos o perfil e comportamento de cada um de nós. Diante desse ponto, podemos verificar as potencialidades individuais.

Podemos indicar um caminho para cada um se tornar excelente profissional de vendas, por meio de capacitação e mentoria.

Vendas exigem uma série de saberes, como comunicação, resiliência, resolução de problemas, pensamento estratégico, administração do tempo, mapeamento de oportunidade, de pessoas e de empresas, entendimento e superação de objeções, negociação, inteligência emocional, empatia e por aí vai! Mas calma. Você não precisa saber tudo isso no princípio. Temos toda a jornada para ir elaborando cada um desses itens. Outras atividades também demandam muito conhecimento e experiência. Então, vamos respirar fundo e ir construindo esse "castelo" pedra por pedra.

A CHAVE do sucesso

O conceito do CHA, muito difundido e aceito, teve como precursor o psicólogo David McClelland (1917-1998). Mais tarde, ele foi finalizado e criado por Scott B. Parry, consultor da Sociedade Americana de Treinamento e Desenvolvimento.

Atualmente podemos encontrar o acrônimo CHAVE na internet, com o "V" e o "E" assumindo vários significados, mas gosto muito da que define o "V" como valores e o "E" como entorno. Infelizmente não encontrei registros para poder dar o devido crédito à pessoa que o idealizou.

CHAVE vem de conhecimento, habilidades, atitude, valores e entorno. Quem conseguir se desenvolver usando bem cada um desses pontos terá muito sucesso em sua vida pessoal e profissional. Vou focar na carreira de vendas, mas é claro que serve para quase tudo o que podemos realizar na nossa jornada.

O conhecimento é vital, porém precisamos desenvolvê-lo continuamente. Há sempre algo novo para aprendermos. O bem propalado *lifelong learning* é o caminho. E não se limitando a elas, mas as *hard skills* também ganham um papel importante para nosso crescimento de modo geral. Da mesma forma, é claro que precisamos conhecer sobre *soft skills* – aqui podemos chamá-las de saber.

As habilidades são preponderantes para realizarmos toda sorte de atividades, especialmente em vendas, como se comunicar, negociar, se relacionar, ter empatia. As *soft skills* são primordiais para nosso sucesso – aqui podemos chamar de saber fazer.

A atitude é uma força indispensável para qualquer profissional de vendas, pois nem sempre vamos encontrar um ambiente amistoso para praticarmos nossas atividades. Teremos resistências e concorrência de todo tipo. Então, ter vontade, foco e fé vai fazer toda diferença – aqui podemos chamar de saber e querer agir.

Assim, fechamos essa primeira parte do CHA. Agora vamos para a segunda.

Os valores a cada dia ganham maior relevância, pois temos que unir os nossos aos da empresa em que atuamos e das empresas que vamos atender. Eles precisam convergir, pois sem isso não teremos harmonia e paz para realizar nosso trabalho. Conhecendo bem nossos valores, poderemos encontrar nosso propósito e descobrir causas nas quais queremos nos engajar. Isso vai nos satisfazer e completar – aqui podemos chamar de saber quem somos e como somos.

O entorno é nossa capacidade de nos relacionarmos com o meio, com as pessoas à nossa volta. Em um mundo cada vez mais conectado e *figital* (convergência dos meios físico e digital), é extremamente importante estarmos colaborando uns com outros. Em vendas, a construção de relacionamento, parcerias e alianças faz toda a diferença na nossa vida e carreira – aqui podemos chamar de saber se relacionar e viver.

Espero que este livro, com todas as suas histórias, possa inspirá-lo para seu sucesso nessa carreira essencial para a humanidade e, humildemente, que este capítulo que você acabou de ler seja bom para sua reflexão e tomada de decisão sobre o caminho que deseja percorrer, com fé, esperança e a certeza do sucesso.

Boas vendas!

> "Deem graças em todas as circunstâncias, pois esta é a vontade de Deus para vocês em Cristo Jesus."
>
> (1 Tessalonicenses 5:18)

EPÍLOGO

Foi uma satisfação contar com seu prestígio neste livro, cujo objetivo central foi trazer, de maneira clara e direta, as experiências de vendedoras e vendedores, de diferentes segmentos de mercado, que idealizaram suas carreiras ou que foram levados por algo que não se pensou e tampouco se planejou.

Nossa expectativa é a de que você possa fazer uma reflexão sobre a sua carreira em vendas, não importa se é um profissional dos mais experientes ou se acabou de decidir explorar esse mundo maravilhoso enquanto lia estas páginas.

Pudemos conhecer histórias fascinantes de transformação, superação, coragem, resiliência, antifragilidade, adaptação, flexibilidade, arrojo e persistência. O que todas têm em comum é a paixão pela profissão que abraçaram.

Vimos alguns autores enxergando vendas como arte e outros sob aspectos técnicos e teóricos. E você, qual a sua opinião sobre vendas? É arte, é ciência, são as duas coisas?

Um aspecto que ficou muito claro é que não seremos bons profissionais nessa área se não estudarmos sobre o assunto e não possuirmos uma vontade genuína de atender às necessidades, desejos e desafios dos clientes.

Para fechar com chave de ouro, segue uma lista de boas práticas em vendas. Claro que não se resumem apenas a estas, mas, com o bom emprego de cada um dos itens, a nossa chance de sucesso na carreira de vendas aumentará consideravelmente:

1. **Comunicação**: sem saber se expressar, não teremos muito futuro no mundo de vendas.
2. **Meta *soft skills***: muitas *soft skills* são preponderantes para o profissional, mas as meta *soft skills* são a base de todas! Falo da inteligência emocional; sem ela, não vamos ter assertividade em nossos relacionamentos.
3. **Saber ouvir é vital**: para os profissionais dessa área, tão importante quanto saber fazer perguntas é ouvir atentamente o que o nosso *prospect* (futuro cliente) tem a nos dizer.
4. **Ter foco no trabalho e atuação**: somos vendedores e temos que fazer jus a essa nobre profissão. Não devemos nos desviar desse objetivo.
5. **Saber administrar o tempo**: este é um dos pontos em que os profissionais pecam muito e acabam se perdendo em atividades e tarefas que os afastam do objetivo central, que é realizar a venda.

6. **Planejar é preciso**: sem um bom planejamento na área comercial, não teremos o sucesso e os resultados que precisamos e buscamos.
7. **Network é vida**: manter uma rede de relacionamento ativa é muito importante para todos os profissionais, mas, no caso do pessoal de vendas, é primordial. Um profissional de sucesso não vive sem uma rede viva.
8. **Ter agressividade**: mas não significa ser agressivo. É preciso muita inteligência emocional, sabendo aproveitar as "janelas" que se abrem em uma venda ou negociação. Por exemplo: quando o cliente pergunta sobre o contrato e/ou o prazo de entrega, ele está mostrando interesse em comprar.
9. **Tenha um bom mapeamento**: sistemas de gestão de clientes, como um CRM (sigla em inglês para *Customer Relationship Management*), ajuda os vendedores a mapearem e acompanharem adequadamente as oportunidades, clientes e pessoas envolvidas.
10. **Conheça o mercado**: é importante saber onde atuamos e o que os nossos concorrentes têm feito. Só assim, você pode encontrar lacunas para encaixar sua venda com boa margem.
11. **Entenda e supere objeções**: é certo que elas vão aparecer no decorrer do processo de compra do cliente. Por isso, esteja preparado e treinado para vencer essas barreiras antes que surjam.
12. **Seja persistente e resiliente**: mas não deixe a teimosia liderar as suas ações e comportamentos.
13. **Não tenha medo**: use todos os recursos disponíveis para se certificar de que sua solução é a melhor dentro do prazo, necessidade e orçamento que o cliente possui. Arrisque-se na hora de montar a oferta e propor ao cliente.
14. **Saiba dizer NÃO**: mas sempre com propriedade e elegância! Isso fará toda a diferença e ganhará o respeito de clientes, colegas e gestores.
15. **Ofereça sempre o melhor**: o principal propósito do profissional de vendas é oferecer ao cliente a melhor solução para as suas demandas e desafios. Se não tem o melhor a oferecer, vá em busca disso.
16. **Uma venda sempre está ligada a próxima**: então, não se perca no objetivo de atender e entender os seus clientes e futuros clientes.
17. **Seja um eterno aprendiz**: *lifelong learning* sempre!

De posse de todo o conhecimento trazido pelo livro, chegou a hora de arregaçar as mangas e trabalhar de maneira muito forte, rumo ao sucesso em vendas.

Força, foco e fé! Só assim você também vai poder dizer: "Vivi, Vendi, Venci".

Nós nos vemos na próxima edição!

Luiz Sales e Marcel Spadoto